LEBEN UND GLAUBEN NACH DEM HOLOCAUST

Einsichten und Versuche

mit Beiträgen von
Martin Stöhr, Werner Licharz
Ekkehard Stegemann und Pinchas Lapide

Herausgegeben von Gerhard Weßler
im Auftrag der
Evangelischen Akademikerschaft
in Deutschland

Im RADIUS-Verlag

CIP-Kurztitelaufnahme der Deutschen Bibliothek

Leben und Glauben nach dem Holocaust: Einsichten u. Versuche/Hrsg.: Evang. Akademikerschaft in Deutschland. – Stuttgart: Radius-Verlag, 1980.
ISBN 3-87173-578-7

NE: Evangelische Akademikerschaft in Deutschland

Printed in Germany 1980
ISBN 3–87173–578–7

Inhaltsverzeichnis

Vorwort

Durch eine Reihe äußerer Anlässe ist die Frage nach unserer Verstrickung in das Geschehen, für das der Name Auschwitz steht, nach über 35 Jahren wieder aktuell geworden. Das öffentliche Gedenken an die Reichspogromnacht (als „Kristallnacht" bekannt), die sich 1978 zum 40. Mal jährte, die Fernsehfilmserie „Holocaust", die zu Beginn des Jahres 1979 aus den USA kommend hier eine überraschend große Resonanz bekam und das Hin und Her in der Verjährungsfrage für NS-Gewaltverbrechen, das dann schließlich im Sommer 1979 zur Aufhebung der Verjährung für Mord allgemein führte, sind die Daten, an denen sich das öffentliche Nachdenken wieder entzündete.

Im gleichen Jahr wandte sich daher die Vertreterversammlung der Evangelischen Akademikerschaft in Deutschland mit einer Eingabe an die Synoden aller Gliedkirchen in der EKD, das Thema „Kirche und Israel" auf einer der nächsten Synodaltagungen zu behandeln. Wir wollten zusammen mit unseren Kirchen in einen Lernprozeß einsteigen, an dessen Ende die Kirchen nach allem, was den Juden in diesem Land angetan worden war, ihr Verhältnis zu Israel selbst neu beschreiben können. Im Laufe der Beschäftigung mit dieser Frage wurde uns selbst erst klar, was der katholische Theologe Johann Baptist Metz in die Worte faßt: „Die Leichenberge von Auschwitz hätten eigentlich alles verändern müssen; nichts mehr hätte sein dürfen wie vorher, in unserem Volk nicht, in unseren Kirchen nicht. Vor allem in den Kirchen nicht; wenigstens sie hätten die seelische Katastrophe wahrnehmen müssen, die Auschwitz bedeutete." – Ermutigt wurden wir durch die Bemühungen, die seit einigen Jahren in der Evangelischen Kirche im Rheinland angelaufen waren, das erste Wort einer christlichen Kirche in unserem Land dazu vorzubereiten. Das leidenschaftliche Interesse, das dieses Thema auf dem Nürnberger Kirchentag 1979 fand, ließ ebenfalls erkennen, daß die Zeit reif zu werden beginnt, daß Christen in diesem Land über ihr Verhältnis zu Israel theologisch neu nachzudenken bereit werden.

Die Rheinische Synode hat inzwischen ein Wort mit überwältigender Mehrheit verabschiedet, das in seiner Bedeutung nicht überschätzt werden kann. Sie hat damit zugleich gezeigt, daß eine Kirchensynode mit diesem wahrlich zentral-theologischen Thema neben all ihren sonstigen Geschäften nicht grundsätzlich überfordert ist, wenn sie sich – wie es diesem Geschehen entspricht – im Zentrum ihres Glaubens anrühren läßt.

Auf diesem Hintergrund fand die Vertreterversammlung der Evangelischen Akademikerschaft in Deutschland 1980 unter dem Thema statt, das

diesem Buch den Titel gab. Aus den Referaten und Bibelarbeiten, die uns dort beschäftigten, sowie weiteren Texten aus den Vorarbeiten ist diese Arbeitshilfe für Hauskreise, Gemeindegruppen und Seminare entstanden, in denen der tiefgreifende Umdenkungsprozeß zur Diskussion steht und eingeübt wird, von dem unser Verhältnis zu den Juden bestimmt werden muß, wenn sich Auschwitz nicht wiederholen soll.
Wir hoffen, daß sich aus den Gruppen kirchlicher Erwachsenenbildung die Erwartung an die übrigen Landeskirchen und die Evangelische Kirche in Deutschland verstärkt, sich ebenfalls als christliche Kirchen in diesem Land über ihr Verhältnis zum Volk der Juden neu zu erklären.

Die jüngsten Aktivitäten des wiedererwachenden Ungeistes von gestern in unserem Land machen dies dringender denn je. Dadurch hat das Thema eine bestürzende Aktualität bekommen, an der auch die allgemeine politische Erwachsenenbildung ebensowenig vorbeisehen sollte wie die kirchliche. Die Wurzeln des Holocausts liegen tief in unserer Kultur und müssen in ihren Zusammenhängen aufgearbeitet werden. Davon scheint in unseren westlichen Nachbarländern ein bedeutend lebendigeres Bewußtsein in der Öffentlichkeit vorzuherrschen, was ein Blick in die Kulturprogramme der verschiedenen Medien und Bildungsträger zeigt.

Möge dieses Buch dazu beitragen, Diskussionen anzuregen und aus ihrer manchmal herzlosen Abstraktheit herauszuführen in eigene Betroffenheit.

Gerhard Weßler — Stuttgart, im August 1980

Leben und Glauben nach dem Holocaust

Martin Stöhr

In fünf Schritten versuche ich dem Thema nachzugehen und nachzudenken:

I. Anfragen an Christen und Akademiker
II. Der Beitrag der deutschen Fakultäten zum Holocaust
III. Der Beitrag von Industrie und Kultur zum Holocaust
IV. Praxis Pietatis oder glaubwürdiges Leben und Glauben nach Auschwitz
V. Jüdischen Stimmen zuhören und standhalten.

I. Anfragen an Christen und Akademiker

Das Wort „Holocaust“ ist inzwischen bekannt geworden, nach dem es lange Jahre in Amerika zu einem spezifischen Ausdruck für das geworden war, was Albrecht Goes vor langem schon in der wörtlichen Übersetzung „Brandopfer“ genannt hatte. Was wir mit den Ausdrücken „Auschwitz“, Massenmord oder Genocid meinen, bezieht das Wort Holocaust auf die Bibel. Elie Wiesel, der es für Judenverfolgung und Judenvernichtung eingeführt hat, wollte vermeiden, daß Hitlers Ausdruck „Endlösung“ oder ein wissenschaftlich unterkühlter Ausdruck wie Genocid bezeichnet, was an den Juden geschah. Wieder würde wie beim Wort „Antisemitismus“ ein wissenschaftlich klingender Begriff verschleiern, was sich an brutaler oder sublimer Menschenverachtung zeigt.

Was ist geschehen? Ein Drittel des jüdischen Volkes wurde mit allen Mitteln moderner Organisationstechnik, Wissenschaft und unter dem Zuschauen, Wegschauen oder Mitlaufen von uns getötet. Es ist so, als fehlte plötzlich hier in unserer Versammlung ein Drittel unserer Mitglieder – plötzlich und fabrikationsmäßig wie Ungeziefer beseitigt. Es waren viele, die an den Todesstricken mitgesponnen haben. Jede Fakultät hat ihre speziellen Fäden in diese Stricke des Todes hineingewebt.

Ich frage nicht mit dem anklagenden Ton dessen, der heute alles besser weiß, der der Väter-, Mütter- und Großelterngeneration das, was heute leicht aufzusagen, schwer zu verstehen und zu verarbeiten ist, jetzt um die Ohren schlagen könnte. So nicht. Ich frage und beobachte, schaue aus nach Namen von Menschen. Die Opfer haben ein Recht darauf, daß genau gefragt wird: Was geschah? Wer war beteiligt? Warum geschah es? Wer half mit? Wer half nicht? Wer schaute weg? Es geht bei dem Holocaust nicht um ein allgemeines Exempel für die Schlechtigkeit der Welt, so daß man das Wort beliebig als Metapher für § 218, Afghanistan, Vietnam, Hiroshima, Dresden, Südafrika oder San Salvador verwenden könnte. Auch die Opfer dieser Taten, Un-Taten oder Probleme haben ein Recht darauf, nicht unter einer generellen Überschrift von menschlicher Brutalität abgehandelt zu werden, sondern daß auch nach ihrer Geschichte genau gefragt wird. Holocaust ist zunächst einmal die spezifische Geschichte eines spezifischen Volkes. Genauer gesehen sind es zwei Völker: Es sind die Juden und die Sinti. Von ihnen gilt, was Alfred Kerr, der Theaterkritiker, schon 1936 geschrieben hat: „Nicht weil wir besonders verschworen sind, nur weil wir halt geboren sind" – nur deswegen mußten sie sterben.

Nach der universalen Bedeutung des Holocaust ist mit Elie Wiesel deshalb zu fragen: „Alles was uns geschieht, kann der ganzen Menschheit geschehen."[1] So faßt er, der als 15jähriger Häftling Auschwitz lebend überstanden hatte, das zusammen, was hier weiterzugeben und zu hören ist. Es geht nicht um eine Theologie der Geschichte, wie die deutschen Christen sie entwarfen. Wohl aber geht es um eine theologische, und das heißt auch um eine intellektuell und christlich ehrliche Aufarbeitung dessen, was geschehen ist und was heute geschieht. Fragen wir uns einmal sehr persönlich, woran wir uns erinnern, wenn wir an die Jahre bis 1945 denken. Wer lebt in unserem Gedächtnis? Was erzählen wir Kindern und Enkeln aus dieser Zeit weiter? Kommen die Opfer der Todesindustrie in Auschwitz darin vor? Oder ist das eine verdrängte und vergessene Geschichte? Verdrängt zugunsten unserer privaten, auch wichtigen Geschichte?

„Geschehenes beschwören", schreibt Albrecht Goes, „aber zu welchem Ende? Nicht damit der Haß daure. Nur ein Zeichen gilt es aufzurichten im Gehorsam gegen das Zeichen des Ewigen, das lautet: Bis hierher und nicht weiter. Ein Gedenkzeichen, geschrieben – wohin und für wen? Auch in die Luft schreibt, wer ihrer gedenkt, ihrer, deren irdisches Teil vergangen ist, Staub und Asche in Erde und Wind. Man hat vergessen. Und es muß ja auch vielleicht vergessen werden, denn wie könnte leben, wer nicht vergessen kann? Aber zuweilen muß einer da sein, der gedenkt. Denn hier ist mehr als Asche im Wind. Eine Flamme ist da. Die Welt würde erfrieren, wenn diese Falle nicht wäre."[2]

Die Welt würde erfrieren an Kaltherzigkeit, an Gewissensstarre, an gelähmten Herzen und Verstand. Es ist genau zu fragen. Wie? – Dazu darf ich noch einmal Elie Wiesel zitieren:

„Falls ich versuchen könnte zu verstehen – aber das wird mir nie gelingen –, weshalb mein Volk zum Opfer wurde, so werden andere Leute verstehen müssen oder den Versuch machen müssen zu verstehen, warum die Mörder Christen, sicher schlechte Christen, aber doch Christen waren. Irgend jemand wird erklären müssen, warum so viele Mörder Intellektuelle waren, Akademiker, Hochschulprofessoren, Rechtsanwälte, Ingenieure, Ärzte, Theologen. Die Einsatzkommandos, die das Töten befahlen, wurden von Intellektuellen angeführt. Sie haben gezeigt, daß Wissen ohne Moral zerstört, daß Wissenschaft ohne ethisches Fundament zu einem Instrument der Unmenschlichkeit ausartet." [3]

Und viele Juden fragen: Warum gelang es den Christen durch die Zivilcourage einiger weniger (ich nenne die Namen Bodelschwingh und von Galen), die Euthanasieaktion zu stoppen? Nur weil es sich hier um die Angehörigen von christlichen Familien handelte? Warum wurde eine ähnliche Protestaktion nicht für die Juden riskiert? Aus der Perspektive der kleinen Leute, der Nichtakademiker, formuliert Kaduk, einer der Schlächter von Auschwitz, heute im Gefängnis von Schwalmstadt gegenüber dem Südwestfunk-Reporter Ebbo Demandt eine andere Frage. In seinem holprigen Deutsch fragt er:

„Es gibt heute verschiedene Leute wo damals mitgemacht haben . . . Heute sind viele zu feige, aufzustehen und zu sagen, wir haben mitgemacht . . . Heute haben sie Angst, etwas zu sagen . . . Gucken Sie mal, ich kenne viele Staatsanwälte, damals waren bei uns in Ausschwitz gewesen, in Block 11 haben sie Sondergerichte gemacht, ruck-zuck haben sie verurteilt – und am Nachmittag waren die Leute schon erschossen, hingerichtet. Wo sind die Staatsanwälte und Richter heute, die im Dritten Reich vorndran gewesen sind? Sind sie klein, der Dr. Zarnack, der Dr. Stolting II und der Dr. Reimers? Die waren im Dritten Reich in Frankfurt als Staatsanwälte, und die haben mit Juden zu tun gehabt. Und heute sind sie Rechtsanwälte. Ist das richtig? Denen wäre so was (wie mir) nicht passiert, nicht wahr, die Akademiker, nur mit dem kleinen Mann, da machen sie die Schau, mit dem kleinen Mann . . . [4]

Wie antworten wir als Christen, als Akademiker (was immer das meint) auf die Fragen der Opfer und der Täter? Dahinter verbirgt sich in letzter Tiefe die Frage Gottes an Adam: Mensch, wo bist du? Wir sollten nicht auf dem Adamsweg bleiben und die Kette der Entschuldigungen in Gang setzen und verdrängen, was geschah. Denn die nächste Frage fragt Kain, nachdem der Mord geschehen war, nachdem Abel in seinem Blute liegt: Wo ist dein Bruder Abel?

II. Der Beitrag der deutschen Fakultäten zum Holocaust

Auf der Mitgliederversammlung des Verbandes Deutscher Studenten hielt Carl-Friedrich von Weizsäcker im April 1957 einen Vortrag zum Thema „Die Verantwortung der Wissenschaft im Atomzeitalter". Der entscheidende Punkt, an dem sich die ethische Frage für ihn zuspitzte, wo sich die Frage nach der Glaubwürdigkeit der Akademiker und Christen stellte, war für ihn die Atomfrage. Kurz vorher hatten die Göttinger 18 ihren Protest gegen die atomare Bewaffnung der Bundesrepublik formuliert und es abgelehnt, sich an einer Entwicklung solcher Waffen zu beteiligen. Ich möchte aus diesem Vortrag die Anfragen an alle Fakultäten zitieren. Aber vorher ist mir noch eine andere Reflexion wichtig. Weizsäcker schreibt beim Nachdenken über diese Ereignisse zum 70sten Geburtstag an Helmut Gollwitzer:

> *„Ich fand Sie entschieden, wo ich unentschieden oder anders entschieden war. Immer aber empfand ich zugleich und als das letztlich einzig Wichtige, daß Sie sich genau zu dem entschlossen hatten, das ich suchte, weil ich es, ohne es verwirklichen zu können, nicht gefunden hatte. Ihre Entschiedenheit war eine Herausforderung für mein Zögern."*

Und dann fügte er als vernichtende Kritik und als Anfrage an uns und die Kirche hinzu:

> *„Die Kirche forderte mich nicht. Sie mutete mir weder die Bergpredigt noch das Johannesevangelium zu.*[5]

Ein Jahr später (1979) hat Carl-Friedrich von Weizsäcker in Hannover bei der Eröffnung der Woche der Brüderlichkeit in der Synagoge eine Predigt gehalten über die Geschichte von Kain und Abel.
Ich zitiere aus dieser Predigt:

> *„Soll ich meines Bruders Hüter sein? Was sagt uns diese Frage über uns? . . . Wir, die Kulturträger, sind die Erben der Kainiten, . . . denn Kain ist der Stammvater der höheren Kultur, der Viehzüchter, der Geiger und Pfeifer, der Eisenschmiede. Daraus folgt aber: Wir, die Kulturträger, sind die Erben der Kainiten eben in dem, was wir hochschätzen: in Ackerbau und Viehzucht, in Kunst und Wissenschaft, in Technik und Industrie. Vergessen wir nie, wir sind die Erben von Siegern im Kampf ums Dasein. Wir haben das Verhalten von Siegern, ihre unbewußte Grausamkeit geerbt. . . Ich sage das im Bewußtsein meiner Mitschuld an der Ermordung von Millionen Juden in einer Nation, deren erwachsener Bürger ich damals war und heute bin."*[6]

Doch nun zu den Fakultäten. Meine Fragen sind immer eingeleitet in sieben Unterteilen durch Carl-Friedrich von Weizsäckers Fragen an die Fakultäten.
1) Zuerst kommen die Theologen.

„Sie bewahren die einzige Wahrheit, die tiefer reicht als die Wahrheit der Wissenschaft, auf der das Atomzeitalter beruht. Sie bewahren ein Wissen vom Wesen des Menschen, das tiefer wurzelt als die Rationalität der Neuzeit. Der Augenblick kommt immer wieder unweigerlich, in dem man, wenn das Planen scheitert, nach dieser Wahrheit fragt und fragen wird. Die heutige geehrte, bürgerliche Stellung der Kirche ist kein Beweis dafür, daß die Menschen nach der christlichen Wahrheit wirklich fragen. Überzeugen wird die Wahrheit, wo sie gelebt wird.“ [7]

Haben wir Christen die Wahrheit gelebt? War die Kirche bereit, ihre bürgerliche und staatlich anerkannte Stellung, ihre auch ökonomisch im Dritten Reich nicht gefährdete Stellung zu riskieren? Ein paar Stimmen der Anpassung aus der damaligen Zeit. Prof. Georg Bertram, Neutestamentler bis 1945 in Gießen, danach in Frankfurt, schrieb: „Die Botschaft Jesu von Nazareth hat das Abendland vor dem Judentum bewahrt.“ [8] Heinrich Bornkamm, Kirchengeschichtler in Heidelberg, schrieb im Jahre 1939 in seiner Schrift „Was erwarten wir von der Deutschen Evangelischen Kirche der Zukunft?“:

Die „Evangelische Verkündigung“ muß unseren „völkischen Bestand“ vor Bolschewismus und Judentum schützen“. „Wie gewaltig der Ansturm der lebenszerstörenden Mächte Bolschewismus und Judentum ist, die wir auf den gemeinsamen Nenner Bolschewismus bringen, wie tief dieser gigantische Kampf in Herz und Gewissen der Völker eingreift, davon weiß jeder, der die Augen für das Weltgeschehen öffnet. Der Bolschewismus ist die Gefahr der Heimatlosen, es ist darum kein Wunder, daß er seine Hauptführer aus dem heimatlosen Judentum bekommt.“ [8]

Heinrich Bornkamm schreibt zu diesen Sätzen, als er 1964 auf sie angesprochen wurde:

„Ich habe diese Sätze nicht vergessen. Die darin enthaltenen Fehlurteile und Ungerechtigkeiten haben mich schon bald bedrückt, nicht erst nach 1945. Sie gehören zu dem, was einem im Leben auf der Seele liegenbleibt. Man kann sich nur bemühen, daraus für sein Handeln und Leben Frucht zu ziehen.“

Paul Althaus, einer der bekanntesten evangelischen Dogmatiker damals, schreibt in seiner „Theologie der Ordnungen“ 1935:

„In einer Zeit, die alle Ordnungen in Frage stellte, verkannte und zersetzte, hat die Theologie einen entschlossenen Kampf geführt . . . gegen die Entleerung des Staates, gegen pazifistische Verweichlichung des politischen Ethos, gegen die Zersetzung des Strafrechtes und die Preisgabe der Todesstrafe." [9]

Ordnung, dies war es, was die Theologen theologisch zu rechtfertigen suchten, und sei es durch die herrschende Ordnung für die die Menschen bezahlen mußten. Die bayerische Landeskirche ließ 1933 von allen Kanzeln verlesen:

„Ein Staat, der wieder anfängt, nach Gottes Gebot zu regieren, darf in diesem Tun nicht nur des Beifalls, sondern auch der freudigen und tätigen Mitarbeit der Kirche sicher sein. Mit Dank und Freude nimmt die Kirche wahr, wie der neue Staat der Gotteslästerung wehrt, der Unsittlichkeit zu Leibe geht, Zucht und Ordnung mit starker Hand aufrichtet, wie er zur Gottesfurcht ruft, die Ehe heilig gehalten und die Jugend christlich erzogen wissen will, wie er der Väter Tat wieder zur Ehrung bringt und heiße Liebe zu Volk und Vaterland nicht mehr verfehmt, sondern tausend Herzen entzündet." [10]

Es war klar, daß in einer so redenden und lebenden Kirche, mit ihrer Anbetung der Ordnung an Stelle der Anbetung Gottes, kein Platz für Juden war, nicht einmal für Judenchristen. Das Erlanger Gutachten, das Gutachten einer ganzen theologischen Fakultät, von Elert und Althaus verfaßt, empfahl 1933: „Das deutsche Volk empfindet heute die Juden in seiner Mitte mehr denn je als fremdes Volkstum."
Die Konsequenz für die Kirche lautet:

„Für die Stellung der Kirche im Volksleben und die Erfüllung ihrer Aufgabe würde in der jetzigen Lage die Besetzung ihrer Ämter mit Judenstämmigen im allgemeinen eine schwere Belastung und Hemmung bedeuten. Die Kirche muß daher die Zurückhaltung ihrer Judenchristen von den Ämtern fordern." [11]

Gleichzeitig predigte man, daß in Christus alle eins seien.

2) An nächster Stelle spricht Carl-Friedrich von Weizsäcker die Juristen an:

„Sie befassen sich mit den Regeln des Zusammenlebens der Menschen. Für sie ist wohl das entscheidende Faktum dieser Zeit, daß nicht nur die Apparate geplant werden, sondern daß das Zusammenleben der Menschen selbst mehr und mehr Gegenstand bewußter Manipulation und rationaler Planung wird . . . Auch in der Demokratie wird das Recht immer mehr ein technisches Mittel des Funktionierens, zumal wirtschaftlicher Abläufe. Zur menschlichen Verantwortung des Juristen in

jedem Amt gehört daher auch, daß er die Menschen vor einem blinden Automatismus juristischer Abläufe schützt."

Blenden wir von 1957 einige Jahre zurück. Hatte das Recht mit Gerechtigkeit für alle etwas zu tun? Oder war es das Recht nur des eigenen Volkes, der eigenen Rasse, das Recht des Stärkeren? Ein exzessiv ausgelegter Sozialdarwinismus setzt als Recht Spielregeln nicht zum Zusammenleben der Menschen, wie Weizsäcker gesagt hatte, sondern Spielregeln für die einen zum Leben, für die anderen zum Tode. Carl Schmitt erklärte 1936:

„Wir müssen den deutschen Geist von allen Fälschungen befreien, Fälschungen des Begriffes Geist, die es ermöglicht haben, daß jüdische Emigranten den großartigen Kampf des Gauleiters Julius Streicher als etwas ‚Ungeistiges' bezeichnen konnten." [12]

Und Ulrich Scheuner, Professor in Bonn und EKD-Vertreter in den Menschenrechtskonsulationen des Weltkirchenrates, schrieb 1939 in einem Aufsatz „Der Gleichheitsgedanke der völkischen Verfassungsordnung" in der Zeitschrift für die gesamte Staatswissenschaft:

„Mit dem völkischen Gedanken ist ein neues Prinzip ans Licht getreten, das in allen Bereichen unseres Denkens über den Menschen tiefe Wandlungen hervorgerufen hat, und das auch den Begriff der Gleichheit prägt. Der Gleichheitsgedanke des nationalsozialistischen Staates findet seine Substanz in der rassisch begründeten Artgleichheit der deutschen Volksgenossen. Er hat seine Rechtfertigung also in der Tatsache der blutmäßigen Gemeinschaft des deutschen Volkes ... Aus der rassischen Substanz der völkischen Gleichheit ergibt sich auch die grundlegende wesensmäßige Unterscheidung des Artgleichen und des Artfremden. Eine Gleichheit zwischen ihnen kann in allen wesentlichen sozialen und rechtlichen Beziehungen nicht bestehen. In den nunmehr über alle Lebensgebiete, Eherecht, die politische Stellung, die wirtschaftliche Betätigung, das Recht des Verkehrs sich erstreckenden rechtlichen Absonderungen der Juden aus dem Leben des deutschen Volkes ist dieser Gesichtspunkt verwirklicht. Keine Maßnahme hat so sehr wie dieser Ausbau des deutschen Rasserechtes den Wesensunterschied zwischen dem völkischen Gleichheitsdenken und der Auffassung der westlichen Demokratie ausgeprägt." [13]

3) Die nächste Fakultät, die von Carl-Friedrich von Weizsäcker angesprochen wird, sind die Wirtschaftswissenschaftler:

„Es scheint mir, daß die Praxis der heutigen Wirtschaftsführung, zumal wo sie gut ist, ... die beiden theoretischen Extreme der völlig freien

Wirtschaft und der totalen Planung längst hinter sich gelassen hat. Vernünftige Planung greift nur dort ein, wo mit einem Minimum an Aufwand ein Maximum an Wirkung zu erreichen ist. Sie braucht dort nicht zu befehlen, wo sie voraussehen kann, was von selbst im Wechselspiel der Kräfte eintreten wird. Alles Planenwollen ist, wie wenn man meint, ein Fahrrad würde noch sicherer fahren, wenn man die Lenkstange festklemmt. Wenn ich hier richtig urteile, so ist auch dies ein Beispiel für die These: Richtige verantwortliche Planung und Technik halten Distanz zum Apparat.“

Distanz zum Apparat – war das möglich? Waren die Christen und die Akademiker für eine solche kritische Distanz ausgebildet, oder hat ihr Fachstudium sie ganz in den Apparaten aufgehen lassen, in denen sie beruflich tätig waren? Oder waren sie dem auch hier von Weizsäcker skizzierten Gesetz unterworfen, mit einem Minimum an Aufwand ein Maximum an Wirkung zu erzielen, also effizient zu sein? Und war dieses Gesetz ohne die Frage „wozu?“ und „mit wem?“ dann nicht auch das Gesetz von Auschwitz und seiner Todesindustrie? Samuel Pisar, der wie Eli Wiesel als 15jähriger Auschwitz verlassen konnte, nachdem seine Familie dort zu Tode gekommen war, hat in seinem Buch „Das Blut der Hoffnung“ jetzt als erfolgreicher UNO-Beamter und Rechtsanwalt geschrieben: „Heute droht im Westen die multinationale Macht der Wirtschaft die bereits geschwächte politische Macht zu vernichten oder zu unterwerfen. Und im Osten erstickt die Allmacht der politischen Bürokratie jede wirtschaftliche Initiative.“ [14] Aber es gab damals auch wissenschaftliche Anbeter der Ordnung, die rechtfertigten, was nicht zu rechtfertigen war. Prof. Alexander Görner, nach 1945 wieder Professor in Karlsruhe, schrieb 1938:

„Das Judentum, das die kapitalistische Ratio am reinsten verkörperte, hatte sich nicht nur zum Träger des internationalen Finanzkapitals aufgeschwungen, sondern gleichzeitig auch verstanden, die unkapitalistischen Instinkte der Industriearbeiter aller Länder für seine Zwecke einzuspannen. Es kam soweit, daß quer durch die Nation ein Riß ging, den zu vertiefen oder zu überbrücken dem Einfluß und Belieben jüdischer Volksführer vorbehalten bleiben sollte. Das Judentum hatte von den sozialistischen Strömungen Besitz ergriffen. Das war insoweit grotesk, als der Jude ja noch immer auch der Kapitalist ist. Der Jude rechnet immer nur mit Geld und sinnt immer nur darauf, durch Geld Macht zu haben. Die Juden erhoffen von Jahwe, daß er sie zu Gläubigern – nicht zu Schuldnern der Fremden macht. Ihr Denken kreist daher immer nur um eins: Macht durch Besitz. Der eine Jude kontrolliert die Wirtschaft durch seine kapitalistischen Kniffe, der andere Jude verschafft sich Macht und Einfluß auf dem Umweg der Arbeiterklasse.“[15]

Die Juden sind eben an allem schuld, am Kommunismus und Kapitalismus, stellt der Wissenschaftler Görner fest.

4) An vierter Stelle adressiert Carl-Friedrich von Weizsäcker die Mediziner. Er sagt 1957:

„Die Medizin hat es unmittelbar mit dem Menschen zu tun. Dem Menschen zu helfen und nicht zu schaden, ist jeder Arzt persönlich verpflichtet durch ein Berufsethos, das von dem alten und Hippokratischen Eid bestimmt ist. Er erlebt die Spannung unserer Zeit als das Gegenüber zwischen der kausalen Analyse des Einzelgeschehens in der naturwissenschaftlichen Medizin auf der einen Seite, dem Blick auf den ganzen Menschen, auf die Seele, die Beziehung zur bewußten, leidenden und verantwortlichen Person im Patienten auf der anderen Seite."

Wie war das mit den Medizinern? Es erschien im November 1979 eine Untersuchung der beiden Wissenschaftler Leibfried und Tennstedt über das Verhalten der Ärzte im Dritten Reich. Schon 1933 geschah so etwas, was Leibfried und Tennstedt den „alltäglichen Holocaust" nennen. 15 % der deutschen Ärzte waren aus rassischen oder politischen Gründen bereits verfolgt oder aus ihrer Praxis geworfen. Schon zu Beginn des Jahres 1933 wurden in Berlin mehr als 60 % aller Kassenärzte als Nichtarier eingestuft, so stellen die Wissenschaftler fest. In einer Studie zum Thema „Berufsverbot und Sozialpolitik im Jahre 1933" [16] führen die Wissenschaftler zwei entscheidende Hauptursachen für diese NS-freundliche Haltung eines Teils der Ärzteschaft an: Einmal die scharfe Konkurrenz der Ärzte untereinander und zum anderen die konservative Standesstruktur, die sich immer stärker verfestigt hatte. In den Akten des Reichsarbeitsministeriums fanden Leibfried und Tennstedt den Beleg, mit welchem Übereifer Ärzte die Nazis hofierten. 1933 schlossen die Ärzteverbände weit mehr jüdische Kollegen aus als die oberste Berufungsinstanz beim Reichsarbeitsministerium genehmigen wollte. Diese hat sogar Widersprüche gegen die Standesurteile der Ärzte eingelegt. Als direkte Folge der Standesstruktur sehen die Wissenschaftler den hohen NS-Organisationsgrad der Ärzte an. Nach Untersuchungen von Michael Kater von der New Vorker Universität gehörten 45 % der Ärzte der NSDAP an – doppelt soviel wie Lehrer, die als Beamte unter stärkerem Loyalitätszwang standen. 26 % der Ärzte waren bei der SA Mitglieder, und 7,3 % gehörten der SS an. Am 25.5.1967 berichtete „Die Welt" von einem der Frankfurter Euthanasieprozesse gegen die Ärzte Ulrich, Bunke und Endruweit. Sie wurden tags zuvor von der Anklage der Beihilfe zum Mord freigesprochen. Das Gericht sagte, daß sie im „objektiven Sinn zwar

Mordgehilfen gewesen seien, aber es sei ihnen nicht zu widerlegen gewesen, daß sie sich in einem unverschuldeten Verbotsirrtum befunden hätten."
„Donnernder Jubel brach im Gerichtssaal aus", so „Die Welt" über den Freispruch. 300 bis 500 mal hat einer dieser drei freigesprochenen Ärzte den Gashahn aufgedreht und auf die Todesbescheinigung geschrieben „Lungenentzündung". Das Gericht spricht davon, sie seien eben staatsgläubig gewesen, und sie hätten in einer moralisch defekten Zeit gelebt.
Einer der Euthanasieärzte, Dr. Hermann Wesse, nicht allzuweit von hier im Taunus, auf der anderen Rheinseite war er tätig, sagt vor einem anderen Gericht in seinem Prozeß:

„Da habe ich intravenös Morphium gespritzt. Wenn mir in Berlin gesagt worden ist, Sie haben die Befehle zu befolgen, als einfacher Soldat bin ich gewohnt, Befehlen zu gehorchen ... Einfach ist es mir nicht geworden, glauben Sie mir, aber was sollte ich denn machen? Ich hatte den Befehl ... ich sehe heute, daß es nicht richtig war ... Mir ist immer gesagt worden, die Verantwortung für das tragen die Professoren in Berlin. Was sollte ich denn machen? [17]

„Den Menschen zu helfen und ihnen nicht zu schaden", so heißt es im Eid des Hippokrates!

5) *„Historisch denken heißt, den anderen Menschen, die andere Nation, die andere Zeit und Kultur von ihren Voraussetzungen her zu verstehen, nicht von den unseren her abzuurteilen. Gibt es solches Verstehen ohne Liebe, ohne Nächstenliebe? Und können wir hoffen, dem Menschen seinen Ort in der Planung zu wahren, wenn wir ihn nicht von seinen Voraussetzungen her zu verstehen gewillt sind? Historisch verstehen ist von großer politischer Wichtigkeit."*

So schließt Weizsäcker seine Ansprache an die Historiker. Und ich meine, daß dieses Programm aufgenommen ist in der Arbeit, in der sich viele Historiker der Erforschung des Holocaust zugewandt haben.
Noch einmal Eli Wiesel: „Wer sich nicht ständig und aktiv mit der Erinnerung beschäftigt und andere mahnt, ist ein Helfershelfer des Mordens."
Und Simon Dubnow, der große Historiker des Judentums, 1933 von der Berliner Universität vertrieben, im Alter von 81 Jahren 1942 in Riga auf dem Marktplatz erschossen, rief vor seiner Hinrichtung: „Macht beide Augen auf, haltet eure Ohren offen, haltet das Gedenken wach an jedes Wort, an jede Geste, an jeden Aufschrei, an jede Träne!"[18] Das ist historische Wissenschaft, die aufmerksam wird auf Tränen der Menschen und mit so etwas operiert wie Liebe zum Menschen, wie Weizsäcker es nennt.
Carl Alexander von Müller, Professor in Erlangen vor 1945 und nach 1945,

druckte 1938:

„Es war ein einzelner Deutscher aus Österreich und ein einzelner deutscher Arbeiter zugleich, der mitten im Zusammenbruch der deutschen Staaten jetzt die Fahne des unzerreißbaren deutschen Volkes und seiner Ehre, die Fahne des völkischen Widerstandes gegen den Untergang erhob. Aus den Tiefen dieses Volkstums selbst stieg der fanatische Wille zu einem neuen einigen deutschen Staat, zur gemeinsamen Volkwerdung, und zwar einer Volkwerdung und einer Staatsbildung aus dem eigenen Geist und der eigenen Wurzel des Volkstums über alle Schranken hinweg, die es bisher zerklüftet hatten. Wir gedenken der Stunde vor bald zwei Jahren in der Garnisonkirche in Potsdam, als der greise Feldmarschall von Hindenburg, dessen Augen die Begründung des Bismarckschen Reiches gesehen hatten wie seinen Sturz, diesem jungen Volksführer aus Deutsch-Österreich über den Sarg des größten Preußenkönigs die Hand zum Bunde reichte: Da übergaben das vergangene Zweite Reich und seine stärksten tragenden Kräfte den Auftrag und die Macht an das aufsteigende Dritte Reich . . . Aber gerade wer diese Vergangenheit kennt, wird hingerissen von der unerhörten Größe und Wucht der Bewegung, in der wir stehen, an der mitzuarbeiten unser Stolz und unsere hohe Pflicht ist. Es ist ein Wort, das sich am Ende dieser Betrachtung als Bekenntnis auf unsere Lippen drängt, ein Wort, das jenes Zweite Reich mit unserem heutigen verbindet, ein Wort, das der sterbende Bismarck noch im Herzen trug, wie der Führer heute es uns mit jedem Atemzug verkündet und vorlebt: Deutschland.“[19]

Kosmopolitisch zu denken und zu leben, war schändlich geworden. Die Nation wurde beweihräuchert, die Fremden vergast.

6) Die sechste Gruppe, auch in der philosophischen Fakultät von Carl-Friedrich von Weizsäcker angesprochen, sind die Lehrer:

„In die Hände der Lehrer ist das kostbarste – man nennt es in der technischen Zeit „Material“ – gegeben, das wir haben, die jungen Menschen. Ich weiß, daß in Ihrem Verband die Zusammengehörigkeit von Forschung und Lehre ein wichtiges Anliegen ist. Halten Sie daran fest.“

Die Lehrer – Professor Wenke, Gründungsrektor von Bochum, Pädagogikprofessor und Schulsenator in Hamburg, schrieb in der Nazi-Zeit:

„Dem totalen Staat verbleibt sein souveräner Anspruch dem einzelnen gegenüber. Aber Staat und Mensch stehen beide auf der gemeinsamen Grundlage des Volkstums, das zunächst und vor allem auf seine biologischen Wurzeln zurückgeführt wird. Auch das ist neu und vor Friedrich Nietzsche kaum beachtet worden. Denn der frühere Volkstumsbegriff,

wie er z.B. wörtlich bei Fichte vorliegt, kennt das Volkstum nur als Inbegriff seelisch-geistiger Anlagen und der durch diese Anlagen bestimmten objektiven, überindividuellen Kulturgüter. Einer biologisch orientierten Auffassung erscheint jedoch diese Gestaltung völkischen Lebens als spätes Resultat ... Die wichtigste Aufgabe, die hiernach dem Staate zufällt, besteht darin, der Selbstverwirklichung des Volkstums zu dienen. Dieser Dienst widerspricht nicht dem Wesen des totalen Staates insofern, als er sich – um seinen Dienst am Volksganzen zu erfüllen – mit Totalitätsanspruch dem einzelnen gegenüber durchsetzen muß. Wir belegen diesen Gedankengang mit einigen Sätzen aus Hitlers Buch ‚Mein Kampf': Der höchste Zweck des völkischen Staates ist die Sorge um die Erhaltung derjenigen rassischen Urelemente, die, als kulturspendend, die Schönheit und Würde eines höheren Menschtums geschaffen hat."

7) Zuletzt wendet sich von Weizsäcker an die Naturwissenschaft.

„Die Naturwissenschaft, zu der ich außer der naturwissenschaftlichen, den land- und forstwirtschaftlichen Fakultäten den ganzen Bereich der technischen Hochschule rechnen will, ist die zentrale Wissenschaft unserer Zeit. Über die Notwendigkeit, sie im Interesse unserer materiellen Zukunft zu fördern, wird heute viel geredet und mit Recht. Die wirtschaftliche Existenz unserer Nation mag sehr wohl demnächst von unsern Naturwissenschaftlern und Technikern abhängen. Nur wünschte ich, die Naturwissenschaft, deren Notwendigkeit heute leicht einzusehen ist, spannte sich dann wie eine Lokomotive vor die Universität im ganzen. Die ganze Universität bedarf der breitesten Förderung. Ich glaube nicht, daß auf die Dauer unsere Naturwissenschaft wesentlich besser wird sein können als unsere Universität im ganzen ist. Dazu hängen im Organismus der Wissenschaft die einzelnen Organe zu eng miteinander zusammen. Die persönliche Verantwortung des Naturwissenschaftlers entspricht der praktischen Bedeutung seines Fachs. Ich möchte einen Vergleich gebrauchen: Jeder Naturwissenschaftler lernt die Sorgfalt beim Experimentieren, ohne die seine Wissenschaft in Geflunker ausarten würde. Ich glaube, solange uns die Sorgfalt bei der Prüfung der Rückwirkungen unserer Erfindungen auf das menschliche Leben nicht ebenso selbstverständlich ist wie die Sorgfalt beim Experimentieren, sind wir zum Leben im technischen Zeitalter nicht reif. Man hat an einen hippokratischen Eid der Techniker und Naturwissenschaftler gedacht ... Ein Hauptproblem für den Naturwissenschaftler und Techniker, der verantwortlich handeln will, ist seine Verflochtenheit in gesellschaftliche, in wirtschaftliche und politische Zusammenhänge. Er will

wohl Leben fördern und nicht gefährden. Aber erlaubt es ihm die Struktur der Welt, in der er lebt?"

Einer, der diese Frage im Gefängnis zu Spandau durchgedacht hat, ist Albert Speer. In seinen Erinnerungen schreibt er:

„Hitlers Ausrottungsabsichten gegenüber dem jüdischen Volk hatte Hitler für jeden, der es hören wollte, nie verheimlicht. In seiner Rede vom 30. Januar 1939 hatte er sie offen zu erkennen gegeben. Ohne jemals Hitler geradezu zuzustimmen, hatte ich doch Bomben entworfen und Waffen produziert, die seinen Zielen dienten. Entscheidende Jahre meines Lebens habe ich der Technik gedient, geblendet von ihren Möglichkeiten, am Ende stehe ich ihr gegenüber voller Skepsis, warum? . . . Die Diktatur Hitlers war die erste Diktatur eines Industriestaates dieser Zeit moderner Technik, eine Diktatur, die sich zur Beherrschung des eigenen Volkes der technischen Mittel in vollkommener Weise bediente . . . Als Folge davon entsteht der Typus des kritiklosen Befehlsempfängers . . ." [21]

Ethik wird zur reduzierten Funktion der Arbeitsbedingungen. Technik und Wissenschaft dominieren mit der Herrenschicht; deren Ziele ersparen die Frage: Darf der Mensch alles, was er kann?

III. Beitrag von Industrie und Kultur zum Holocaust

Am 25. Juli 1938 wird in der Deutschen Bank eine Aktennotiz getippt. Es ist die Zeit der „Arisierung" der Betriebe, die man Juden wegnimmt:

„In einigen Branchen läßt das Angebot an wirklich guten Objekten stark nach. Die Nachfrage ist hier weitaus größer, z.B. in der Metall- und Chemiebranche. Es ist nicht immer möglich, die Interessenten auf andere Branchen hinzulenken."

Und dann beklagt sich die Deutsche Bank, daß die Arisierungen nicht rascher genehmigt werden:

„Es dauert häufig zwei Monate, bis alle Instanzen ihr Plazet gegeben haben." [22]

Effizienz und Wachstum, Erhaltung des eigenen Eigentums und Unterordnung unter den Staat waren wichtigere Ziele als Menschlichkeit. Ich will noch einmal Samuel Pisar zitieren, der in Auschwitz als Junge in einem Zweigwerk der IG Farben arbeiten mußte:

„Die IG Farben symbolisieren alle Verbrechen gegen die Menschlichkeit, die aus der Allianz zwischen den führenden Männern eines kapitalisti-

schen Großunternehmens und einer totalitären Macht hervorgehen können. Die 1925 gegründete IG Farben-Industrie war mit ihren verantwortlichen kreativen Managern und ihren wissenschaftlichen Mitarbeitern, unter denen sich mehrere Nobelpreisträger befanden, ein Muster an Leistungsfähigkeit, Erfindungskraft und wirtschaftlichem Erfolg. Und dann plötzlich die ekelerregende Pervertierung. Dieselbe IG Farben ließ sich mit dem Nazi-Regime ein und baute in Auschwitz eine Fabrik, in der man die erbarmungswürdigen Untermenschen ausbeuten konnte bis zum Tode. Eine neue Form der Sklaverei. Ich weiß es, denn ich war dazu bestimmt, einer dieser Sklaven in Auschwitz zu sein."[23]

Und die Aktiennotierungen DEGESCH (Deutsche Gesellschaft für Schädlingsbekämpfung), einer 100 % Hoechst-Tochter, entwickelten sich prachtvoll. Die Dividenden stiegen 1940 bis 1942 um 100 %, und von 1942 auf 1943 noch einmal um 200 %. Zyklon B war das Produkt, das die Dividende so hoch trieb. Für Millionen Menschen war es der Tod.
BMW beschäftigte zeitweise 12.000 KZ-Häftlinge.
Die Prozellanmanufaktur Allach schrieb 1943 an die SS:

„Infolge der im Januar 1943 im KZ Dachau ausgebrochenen Typhusepidemie standen vom 26. Januar bis zum 3. März 1943 keine Häftlinge als Arbeitskräfte zur Verfügung. Ohne die Typhusepidemie würden wir einen Gewinn in Höhe von 21.300 RM erreichbar gemacht haben, stattdessen hatten wir einen Verlust von 10.500 RM. Unser auf Häftlingsausfall zurückzuführender Schaden beträgt somit rund 31.800 RM. Wir bitten um Anerkennung und Vergütung dieses Betrages. Heil Hitler! Porzellanmanufaktur Allach." [24]

Und ein Rundschreiben der Wirtschaftsstelle der SS an alle Konzentrationslager lautet:

„Der Chef des SS-Wirtschaftsverwaltungshauptamtes, SS-Obergruppenführer Pohl, hat auf Vortrag angeordnet, daß das in allen Konzentrationslagern anfallende Menschenschnitthaar der Verwertung zugeführt wird. Menschenhaare werden zu Industriefilzen verarbeitet und zu Garn versponnen. Aus ausgekämmten und abgeschnittenen Frauenhaaren werden Haargarnanzüge für U-Bootsbesatzungen und Haarfilzstrümpfe für die Reichsbahn angefertigt." [25]

Der Mensch als Rohstoff, der Tod als Produkt – auch davon, auch damit können Wissenschaftler und Beamte sowie ihre Institutionen leben.
Die Kultur des Alltags war tief infiziert von einer Judenfeindschaft und Staatshörigkeit, die man nicht erst bei Hitler lernen mußte, sondern vorher schon kannte. Es gibt eine ganze Reihe von Untersuchungen, wie der

Alltag in der Nazi-Zeit aussah. Es war z. T. die konsequente Fortführung des Alltags vorher, des Alltags in Gesangverein, Turnverein, der Feuerwehr, in Schulen und Kirchen. Was Turnvater Jahn 1810 gesprochen hatte: „Deutschlands Unglück sind die Polen, Franzosen, Pfaffen, Junker und Juden", das lebte als Volksmeinung auch in den studentischen Verbindungen, die zum übergroßen Teil antisemitisch waren. Auf dem Land und in der Stadt war der gleiche Ungeist anzutreffen. Die Tegernseer Zeitung berichtet am 3. Oktober 1935 als amtliches Bekanntmachungsblatt:

„Zur Regelung der gemeindlichen Bullenhaltung und Abwendung der Seuchengefahr ergeht folgende Anordnung:
1. Kühe und Rinder, welche von Juden direkt oder indirekt angekauft werden, sind zum Zutritt zum gemeindlichen Bullen nicht zugelassen.
2. Kühe und Rinder aus Stallungen, in welchen von Juden gekauftes Vieh steht, unterliegen einer Beobachtung auf die Dauer von einem Jahr. Sie sind während dieser Zeit vom Zutritt zum gemeindlichen Bullen ausgeschlossen. 3. Die Anordnung gilt ab 1. Oktober 1935."[26]

Großes Handbuch der Deutschen Kaninchenzucht 1942:

„Seit der Machtergreifung durch den Nationalsozialismus hat die Deutsche Kaninchenzucht einen ungeheuren Aufschwung genommen. Der Deutschen Kaninchenzucht wurde eine neue Zielsetzung gegeben. Der Kreis der Beteiligten wurde mit einem neuen organisatorischen und züchterischen Streben erfüllt. Zum ersten Mal wurden der Zucht und Haltung allgemein gültige Grundlagen geschaffen, die aus dem unorganischen Zustand früherer Zeiten die Kaninchenzucht zu einem bedeutenden Wirtschaftsfaktor emporhoben."[27]

Am 9. August 1937 versammelte J. Goebbels alle Rundfunkmitarbeiter und hielt ihnen eine Rede, die mit dem Satz begann: Deutschland muß das stärkste Rundfunkland der Welt werden! Die Frankfurter Zeitung berichtete darüber:

„Zunächst nahm dann Reichsintendant Glasmeier das Wort zu seinem Referat über die Grundzüge der Programmgestaltung des Deutschen Rundfunks. Es kommt darauf an, daß die Grundhaltung des Rundfunks nationalsozialistisch ist. Weiter muß sich der Rundfunk aus dieser Grundhaltung heraus bemühen, das ganze öffentliche Leben von heute einzufangen, es zu unterstützen, wo es notwendig ist, namentlich das gigantische Werk von ‚Kraft durch Freude', das große Werk der Winterhilfe, die Arbeiten der einzelnen Gliederungen der Bewegung. Zu dem in allen Hörerkreisen so viel erörterten Problem der Bevorzugung leichter Unterhaltungsmusik oder aber großer künstlerischer Darbietungen

erklärte Reichsintendant Glasmeier, daß der Rundfunk hier eine gesunde Mittellinie eingehalten habe und auch in Zukunft einhalten wird. Mit besonderer Schärfe wandte sich Reichsintendant Glasmeier dagegen, daß etwa der jüdische zersetzende Geist auf dem Umweg einer witzigen Conference wieder in den Rundfunk eindringe. Es gehe nicht an, daß führende Männer der Bewegung über die Heiligkeit der Ehe oder aber über das Ethos des deutschen Soldaten sprechen, der mit seinem eigenen Leib und Blut für das Vaterland einzutreten hat, und dann am Abend in einer bunten Unterhaltung diese Dinge mit ätzender Lauge einer sog. Conference beschimpft werden. Lebhafter Beifall.“ [28]

Die Lebenskultur des Alltags wie die „Hoch-Kultur“ – von der Kaninchenzucht bis zur Universität – der NS-Geist saß tief. Im Mai 1933 wurde undeutsches Schrifttum aus dieser Kultur- und Geisteshaltung heraus verbrannt:

„Als Auftakt der öffentlichen Verbrennung der undeutschen Bücher auf dem Opernplatz in Berlin hielt Professor Dr. Alfred Bäumler, der neue Ordinarius für Pädagogik in Berlin, im Hörsaal 38 der Universität die erste Vorlesung seines Kollegs: Wissenschaft, Hochschule und Staat. Der große Saal war vollkommen überfüllt. Der größte Teil der Studenten nahm in SA-Uniformen an der Vorlesung teil. Vor Beginn der Vorlesung marschierte eine studentische Fahnen-Abordnung mit dem Hakenkreuzbanner ein. Professor Bäumler beschäftigte sich mit der nationalsozialistischen Revolution, ihren geistigen und philosophischen Grundbedingungen.“ [29]

Dann schloß sich die Verbrennung der Bücher an. Ich möchte die neun Rufer, die Studenten, die hier die Bücher ins Feuer geworfen haben, zitieren. SA-Kapellen spielten vaterländische Weisen dazu:

„Der erste Rufer: Gegen Klassenkampf und Materialismus! Für Volksgemeinschaft und idealistische Lebenshaltung! Ich übergebe der Flamme die Schriften von Marx und Kautzky. Der zweite Rufer: Gegen Dekadenz und moralischen Verfall! Für Zucht und Sitte in Familie und Staat! Ich übergebe der Flamme die Schriften von Heinrich Mann, Ernst Glaeser und Erich Kästner. Der dritte Rufer: Gegen Gesinnungslumperei und politischen Verrat! Für Hingabe an Volk und Staat! Ich übergebe der Flamme die Schriften von Friedrich Wilhelm Förster. Der vierte Rufer: Gegen seelenzerfasernde Überschätzung des Trieblebens! Für den Adel der menschlichen Seele! Ich übergebe der Flamme die Schriften von Sigmund Freud. Der fünfte Rufer: Gegen Verfälschung unserer Geschichte und Herabwürdigung ihrer großen Gestalten! Für

Ehrfurcht vor unserer Vergangenheit! Ich übergebe der Flamme die Schriften von Emil Ludwig und Werner Hegemann. Der sechste Rufer: Gegen volksfremden Journalismus demokratischer, jüdischer Prägung! Für verantwortungsbewußte Mitarbeit am Werk des nationalen Aufbaus! Ich übergebe der Flamme die Schriften von Theodor Wolff und Georg Bernhard. Der siebte Rufer: Gegen literarischen Verrat am Soldaten des Weltkriegs! Für Erziehung des Volkes im Geiste der Wahrhaftigkeit! Ich übergebe der Flamme die Schriften von Erich-Maria Remarque. Der achte Rufer: Gegen dünkelhafte Verhunzung der deutschen Sprache! Für Pflege des kostbarsten Gutes unseres Volkes! Ich übergebe der Flamme die Schriften von Alfred Kerr. Der neunte Rufer: Gegen Frechheit und Anmaßung! Für Achtung und Ehrfurcht vor dem unsterblichen deutschen Volksgeist! Verschlinge, Flamme, auch die Schriften der Tucholsky und Ossietzky!“ [30]

Welche der hier verdammten Werte und Werke werden aufgrund prä- und postfaschistischer Einstellungen verurteilt?

IV. Praxis Pietatis oder: Leben und Glauben nach Auschwitz

Es war einiges offensichtlich in der Christenheit wie in der Universität vergessen worden. Beide sind der Wahrheit, auch wenn sie unterschiedlich verstanden wird, verpflichtet. Der christliche Glaube hatte offensichtlich Schwindsucht erlitten. Seine Weltverantwortung war dahingeschwunden. Der Verlust der Hebräischen Bibel, des sog. Alten Testamentes, mußte bitter bezahlt werden, am wenigsten von den Christen, am bittersten und tödlichsten vom Volk des Buches, vom Judentum.

Ich nenne jetzt sieben Beobachtungen, aus denen Konsequenzen zu ziehen wären:

1) Es war vergessen worden, daß man Gott mehr gehorchen muß als den Menschen. Hans Galinsky, deutscher Lektor am Kings College in London, war einer der NSDAP-Auslandsmitarbeiter, später Professor in Straßburg, der das Horst-Wessel-Lied ins Englische übersetzt hatte. Angesprochen auf seine damaligen NS-Schriften, sagte er – und das finde ich einen großartigen, weil ehrlichen Satz:

> *„Mein damaliges Versagen ist daraus zu verstehen, nicht zu entschuldigen: Ich habe vor Menschen mehr Furcht gehabt als vor Gott.“* [31]

Offenkundig war zugunsten der Angst vor Menschen die Furcht vor Gott abgebaut worden. Höss, der letzte Kommandant von Auschwitz, erinnert sich besonders an seine christliche Erziehung:

„*Ganz besonders wurde ich immer darauf hingewiesen, daß ich die Wünsche oder Anordnungen der Eltern, der Lehrer, der Pfarrer usw., ja aller Erwachsenen bis zum Dienstpersonal durchzuführen hätte. . . Was diese sagten, sei immer richtig.*“[32]

Dann gilt für so jemanden und für eine solche Erziehung Gott nur als die letzte Spitze einer Autorität; sie kann rasch durch den Führer ausgewechselt werden. Das erste Gebot, das Schlüsselgebot aus Evangelium und Gesetz der Bibel, das die Menschen frei macht von Macht- und Mammondienst, sie macht- und mammonkritisch macht, sie an die Befreiung aus der Sklaverei erinnert – dieses Gebot wäre neu zu entdecken. Gerade Christen sind hier gefordert, die dem Judentum gegenüber den Vorwurf des Partikularismus erhoben und sich selbst als universale Religion verstanden haben, sie haben intensiv vor den Altären der Rasse, der Nation und der eigenen Geschichte gekniet. Gott mehr zu gehorchen als den Menschen, das wäre eine Lektion wert.

2) Der biblische Glaube ist eine transpersonale Kategorie. Er bezieht Politik und Gesellschaft in seinen Verwirklichungshorizont ein. James Parkes, der englische Theologe und Historiker, hat in seinem Buch über Antisemitismus darauf hingewiesen, wie eng antidemokratische und antiparlamentarische Traditionen mit dem Antisemitismus verbunden sind. Politik- und Demokratieverachtung haben sich als Humus der Judenfeindschaft breit gemacht. Ich erinnere an das, was Juristen und Theologen in den 30er Jahren an verächtlichen Äußerungen über Demokratie und Parlamentarismus von sich gegeben haben. Als 21jähriger schrieb der Kölner Soziologe Helmut Schelsky:

„*Ein starker Staat, der sich seiner Aufgabe gegenüber dem Volk bewußt ist und sie wirklich erfüllt, kann gar keine andere Erziehung der Jugend seines Volkes kennen als die Erziehung zum Staat.*“

Zum nationalsozialistischen Staat zu erziehen, heißt aber, die Liebe zum Ganzen, nicht aber das Mitleiden mit dem einzelnen Menschen zu kennen. Wahrer Nationalsozialismus ist es, Menschen, die „für das Volk ihre Leistung nicht erfüllen oder es gar schädigen, auszuschalten oder sie sogar zu vernichten“. Dazu gehört die Erziehung einer Presse, die ihre Aufgabe für die Volksgemeinschaft nicht erfüllt, durch die Zensur, „und eine härtere und strengere Rechtsprechung für alle Verbrechen gegen die Gemeinschaft des Volkes . . ., weil hier die Gemeinschaft alles ist, der einzelne Mensch jedoch ohne Beziehung auf diese nichts.“[34]

Und dem Soziologen, der sich bald von solchen Äußerungen absetzt, applaudiert der Theologe Paul Althaus:

> „*Die Auflösung des Strafrechts in Sozialtherapie und Pädagogik, die schon weit gediehen war, hat ein Ende. Strafe soll wieder im Ernste Vergeltung sein. Der neue Staat wagt es wieder, das Richtschwert zu tragen. Er hat die schauerliche Verantwortungslosigkeit der Parlamente zerschlagen und läßt wieder sehen, was Verantwortung heißt . . .*“ [35]

Das sagt er unter Bejahung der Todesstrafe. Er bekennt, später darauf angesprochen, nie Hitler gewählt zu haben. Aber er macht deutlich, wie der Nationalsozialismus an breite Traditionen christlicher, bürgerlicher und akademischer Rituale und Einstellungen anknüpfen kann.

3) Biblische Grundwerte kritisieren und relativieren bürgerliche Tugenden. Ich erinnere daran, daß auf den Dächern von Dachau groß zu lesen stand: Es gibt einen Weg zur Freiheit; seine Meilensteine heißen Gehorsam, Fleiß, Ehrlichkeit, Ordnung, Sauberkeit, Nüchternheit, Wahrhaftigkeit, Opfersinn und Liebe zum Vaterland. Dies nenne ich Sekundärtugenden mit einem Ausdruck von Carl Amery. Dazu war erzogen worden. Keiner von uns wird die begrenzte Gültigkeit einzelner Sekundärtugenden in Frage stellen wollen. Aber sie sind in Frage gestellt, präzisiert und in ihre Grenzen gewiesen durch die biblischen Grund- oder Primärtugenden. Die biblischen Grundwirklichkeiten heißen Befreiung, Gerechtigkeit, Schalom und Liebe. Wohin sich absolut setzende Sekundärtugenden wie Gehorsam oder Fleiß führen, zeigt Auschwitz.

4) Ein viertes Element ist neu zu entdecken. Es ist die Gültigkeit des Bilderverbotes: Du sollst dir kein Bildnis machen, weder von Gott noch von dem Menschen. Die Minderheiten in unserer Gesellschaft haben es erfahren müssen, daß, statt mit ihnen selbst, mit Projektionen ihrer selbst verkehrt wurde. Die Projektion der Juden, ihr „Bild“, war in der christlichen Verkündigung das einer strengen Gesetzlichkeit. Sie hätten nur den Schatten einer Verheißung. Sie seien buchstabengläubig und starr in ihrem Glauben. Rache sei das Grundgesetz des Alten Testamentes. – Diese Bilder von den Juden beherrschten Köpfe und Lehrbücher. An die Stelle des Gespräches mit den lebenden Juden war das Reden über die Juden, die man selbst nicht zur Kenntnis nahm, getreten. Man begann den christlich-jüdischen Dialog erst, als die meisten Juden nicht mehr am Leben waren. Bilder zu machen ermöglicht es Menschen zu instrumentalisieren und mit ihnen nach dem eigenen Gutdünken umzugehen.

Nun sagt man oft, es habe doch eine deutsch-jüdische Symbiose von einmaliger Fruchtbarkeit gegeben. G. Scholem, der große jüdische Wissenschaftler, bestreitet das. Er entdeckt nur Gespräche zwischen Projektionen:

> *„Ich bestreite, daß es ein solches deutsch-jüdisches Gespräch in irgendeinem echten Sinn als historisches Phänomen je gegeben hat. Zu einem Gespräch gehören zwei, die aufeinander hören, die bereit sind, den anderen in dem, was er ist und darstellt, wahrzunehmen und ihm zu erwidern. Dieses Gespräch erstarb in seinen ersten Anfängen und ist nie zustande gekommen. Gewiß, die Juden haben ein Gespräch mit den Deutschen versucht, von allen möglichen Gesichtspunkten und Standorten her, fordernd, flehend und beschwörend, kriecherisch und auftrotzend, in allen Tonarten ergreifender Würde und gottverlassener Würdelosigkeit. Von einem Gespräch vermag ich in alledem nichts wahrzunehmen. Niemals hat etwas diesen Schrei erwidert.“* [36]

Nahm man die wirklichen Menschen nicht wahr, dann konnte man mit solchen Bildern, mit solchen Projektionen, mit solchen Luftmenschen machen, was man wollte: Medizinische Versuche, Feindbilder und Buhmänner in Politik und Predigt, dunkle Hintergründe in der Katechese, vor der sich die Christusgestalt hell abheben sollte.

5) Eine Wissenschaft und eine Technik, eine Kultur und eine Wirtschaft, die nicht fragen, wozu sie arbeiten, wirken menschenfeindlich. Ich erinnere an die Zitate aus dem Bericht der Medizin und an die Reflexion von Albert Speer im Gefängnis. Die Frage an die Christen lautet: Gibt es denn so etwas wie eine Ethik der Institutionen? Carl-Friedrich von Weizsäcker hat einmal davon gesprochen, daß es in unserer Zeit angesichts der atomaren Probleme nicht bloß um die Bekehrung des Physikers als Individuum, sondern um die Bekehrung der Physik gehe. Er meint damit doch offensichtlich, daß wir auch in den Institutionen der Wissenschaften und auch der Kirchen so etwas wie ein Ethos für Institutionen entwickeln müßten.
E. Rosenstock-Huessy hat in seiner Soziologie darauf hingewiesen, daß er manchmal nicht mehr davon sprechen könne, daß ein Mensch sündige, sondern daß „es“ sündigt mit den Menschen. Ein System, die Strukturen, in die der Mensch eingespannt ist, und die Arbeitszerlegung bringen es mit sich, daß auch die Ethik und die Verantwortung zerlegt werden. Eine der Lehren der Nazi-Zeit ist wohl: Es ist unheimlich schwer, den Punkt zu fassen, an dem Widerstand zu üben und nein zu sagen geboten war. Die Zerlegung der Probleme machte die Schwelle so klein, daß man sagte: nein, noch bin ich nicht gefordert. Gehört aber der christliche Glaube

nicht zu jenen Fragestellungen und Beiträgen in dieser Welt, die die Frage nach der ganzen Wirklichkeit und Möglichkeit unseres Lebens stellen? Im Interesse der Menschen duldet er die Zerlegung von Ethos wie die Zerlegung von Verantwortung nicht, weil aus der Zerlegung in Sonntagswelt und Alltagswelt auch die Aufteilung in Weimar und Buchenwald, in zwei Reiche einer gespaltenen Menschlichkeit und Wirklichkeit stammt.

6) Die Gewinnung der eigenen Identität durch die Negation der Identität des anderen führt immer auf den Weg der Lebensgefährdung des anderen. Viele Christen halten den Antijudaismus als essentiell zum Neuen Testament gehörend. Können wir uns als Christen nur als Nichtjuden definieren? Setzen wir unseren Glauben als absolut und zwingen die anderen zur Assimilation oder Anpassung an uns? Fast in der Sprache von Martin Buber hat der ghanaische Lehrer und Dichter R. Dombekai ein Gedicht geschrieben, das diesen Aufschrei, „Ich“ sein zu können, enthält:

Ich bin nicht Du,
doch Du willst mir
nicht meine Chance geben,
willst mich nicht
Ich sein lassen.
Du mischt Dich ein
in meine Dinge,
als wären es Deine
und Du wärst ich.
Gott schuf mich Ich,
er schuf Dich Du,
um Gottes willen
laß mich ich sein.

Die Christen haben den Juden (und vielen anderen Minderheiten) gegenüber noch immer zu lernen, was v. Weizsäcker von den Historikern gefordert hatte: Nicht unser Bild vom Judentum als gültig auszuschreiben, sondern das Selbstverständnis der Juden. Noch immer ist zu lernen, daß das Doppelgebot der Liebe, Gott und den Nächsten zu lieben, schon in der Hebräischen Bibel steht. Es ist verlogen zu sagen, der Gott der Liebe spreche im Neuen Testament, und der Gott einer formalen Gerechtigkeit oder gar der Rache im Alten Testament; oder das Gesetz findet sich im Alten, das Evangelium aber im Neuen Testament – und wie die falschen Alternativen alle heißen. Warum haben wir Christen die Juden als Christusmörder verunglimpft, sie aber nie als Christusbringer neben uns oder unter uns beglückwünscht und bei uns aufgenommen? Die Negation des Juden war für viele Christen der Weg, die eigene christliche Identität zu finden. Jesus und Paulus, die selber Juden waren, befanden sich sozusagen in einem lebhaften Familienstreit mit Juden. Als später die Christen zu Macht, Mehrheit und staatlicher Anerkennung gekommen waren, haben sie die lebendige Auseinandersetzung verloren. Aber die Feindschaft gegen die Juden und das nun nicht mehr lebendige Streitgespräch wurden auf Dauer gestellt, weil die Juden als dunkle Folie, vor der man sich schön abhob, sehr brauchbar waren. Die christliche Dogmenbildung hat jenen anderen Wahrheitsbegriff, der in der jüdischen Tradition lebendig ist, nämlich das immerwährende Gespräch, auch Streitgespräch, unterdrückt. Dabei ist die Bibel selbst das Protokoll einer Diskussion über 1000 Jahre, und die jüdische Fortsetzung der Bibel in Talmud und Midrasch nennt und protokolliert Tausende von Diskussionsteilnehmern an dem andauernden Auslegungsprozeß des Willens Gottes. Er soll nicht auf Dogmen festgeschrieben werden wie in unseren christlichen Traditionen. Allzu oft wurden dann in der Nähe der Dogmen Ketzerhüte verteilt und Scheiterhaufen angezündet.

7) Die Glaubwürdigkeit des christlichen Lebens weist sich nicht in der Theorie, in der Theologie und in der Dogmatik aus, sondern im Leben. Weizsäcker hatte gesagt: Ihr Theologen – und das gilt auch für die Christen – ihr habt eine Wahrheit, die nur überzeugt, wenn sie gelebt wird. Was hat eigentlich die Christen daran gehindert, ihre Wahrheit zu leben? Eine doppelte Haltung, die ich eine Mischung aus christlichem Idealismus und christlichem Materialismus nenne: ein Geschichtsverständnis, das davon ausging, daß die Juden aus der Heilsgeschichte ausgeschieden sind. Seht euch den Tempel im Jahre 70 an, zerstört, Jerusalem ist ein Trümmerhaufen! Das ist doch Gottes schlagender Beweis dafür, daß es mit den Juden zu Ende ist. Die Christen hielten sich weithin an dieses historisch-materialistische Urteil. Schaut euch die Steine an! Sie sagen, daß Gott mit diesem Volk Schluß gemacht hat. Sich selbst aber haben die Christen in einer Art von christlichem Idealismus davon dispensiert, die Glaubwürdigkeit ihres Glaubens im Alltag auch in den Realitäten von Politik und Wirtschaft, Wissenschaft und Industrie unter Beweis zu stellen. Sie haben sich damit glänzend die Anfragen der Juden vom Hals gehalten: Müßte sich nicht, wenn Jesus von Nazareth wirklich der Messias ist, bei euch Christen und in der Welt mehr geändert haben als sich in der Realität tatsächlich geändert hat? Wieso kommt ihr dazu, uns Juden einer überholten Epoche der Heilsgeschichte zuzuschreiben, wie es Luther getan hat und mit ihm eine breite Tradition der Christen? Als die Synagogen brannten,

hielten dies viele für die Wiederholung der Zerstörung des Tempels von Jerusalem. Kardinal Faulhaber hat 1935 in der Münchner Liebfrauenkirche gepredigt und folgenden Satz gesagt:

> *„Nach dem Tode Christi wurde Israel aus dem Dienst der Offenbarung entlassen, die Tochter Zion erhielt den Scheidebrief, und seitdem wandert der ewige Ahasver ruhelos über die Erde."*

V. Jüdischen Stimmen zuhören und ihnen standhalten.

Zuhören und Standhalten ist wichtig. Wie deuten und verstehen wir, was im Holocaust geschehen ist? Für Richard Rubinstein [37], der in seinem Buch „After Auschwitz" eine Theologie des Todes Gottes entworfen hat, stellt sich die Frage: Ist Gott in Auschwitz gestorben? Wie ein Schock kam an den Tag, was schon immer Menschen geahnt hatten: Der Mensch steht allein vor dem totalen Nichts. Das Problem Gottes und der Vernichtungslager ist für ihn das zentrale Problem für eine jüdische Theologie im 20. Jahrhundert. Und er reagiert mit Recht allergisch gegen jede jüdische und christliche Rechtfertigung dessen, was geschehen ist. Er besucht Propst Grüber in Berlin. Er spricht mit ihm über die Frage des Geschichtshandelns Gottes, und Grüber zitiert Psalm 44: „Um deinetwillen werden wir getötet den ganzen Tag." Rubinstein protestiert dagegen. Es geht nicht um Gottes Willen. Sonst hätte Gott gerechtfertigt, was geschehen ist und was nicht zu rechtfertigen ist. Das darf nicht sein. Wir haben sozusagen nur noch uns selbst, sagt Rubinstein. Und er lehnt eine Straftheorie radikal ab, die sagt, in Auschwitz wird das Volk für irgend etwas bestraft.

Aber diese Straftheorie ist christlich weitverbreitet [38]. Es ist die billigste Form der billigen Gnade, von der Dietrich Bonhoeffer gesprochen hat. Sie läßt den Juden das Gericht und den Christen eine billige Gnade, die keine Gnade mehr ist. Noch 1948 hat der Bruderrat der Bekennenden Kirche erklärt, daß Gottes Gericht in der Verwerfung bis heute den Juden nachfolge, dies sei ein Zeichen von Gottes Langmut. Die Kirche mache sich schuldig, wenn sie die Bezeugung dieser Langmut Gottes gegen Israel aus welchen Gründen auch immer unterläßt oder sich verbieten läßt. „Israel unter dem Gericht ist die unaufhörliche Bestätigung der Wahrheit, der Wirklichkeit des göttlichen Wortes, die stete Mahnung Gottes an seine Gemeinde." Und aus Lemgo kommt ein Pamphlet (300.000fach verbreitet vom Volksmissionarischen Verlag). Dort ist zu lesen:
„All das Geschehen (von Auschwitz!) hat offensichtlich diesen Hinter-

grund: unser Gott straft die Schuld seines Volkes; denn sie haben ja ihren Messias gekreuzigt." Was muß eigentlich passieren, damit uns Christen solche Arroganz, Gottes Geschichts- und Gerichtsvollzieher zu sein, vergeht?
Es könnte sein, daß die Juden selbst auf die Idee kommen, Auschwitz zu verstehen als eine Strafe für Assimilation oder Zionismus. 1943 gab es eine Diskussion zwischen Rabbinern in Budapest um diese Frage, mitten in der Vernichtungszeit. Abraham Heschel, einer der großen zeitgenössischen Lehrer des Judentums, verweist in seinem Buch über die Propheten auf die tiefste Dimension menschlicher Gotteserfahrung, wenn er über Auschwitz nachdenkt. Gott hat die Fähigkeit mitzuleiden, Gott ist nicht gleichgültig. In diesem Zusammenhang kann in einem ganz anderen Sinn vom Sterben Gottes gesprochen werden, als Rubinstein vom Tod Gottes spricht. Er zitiert ein Talmud-Wort: „Gott sagt: Durch die Tötung selbst eines Verbrechers wird mir ein Geschöpf vernichtet. Wenn Gott sich so wegen des vergossenen Blutes eines Verbrechers bekümmert, wieviel mehr wegen des Blutes der Unschuldigen, der Gerechten?" Und ein anderer, Elieser Berkovits, greift in seinem Buch „Glaube nach dem Holocaust" einen Gedanken von Martin Buber auf, der kaum über Auschwitz sprechen konnte. Er spricht von Gottesfinsternis, vom Verbergen des Antlitzes Gottes. Beides gehört zur jüdischen Erfahrung: Gottes Selbstverleugnung und Gottes Zuwendung. Es gibt die Erfahrung, daß Gott sich den Menschen entzieht. Die Psalmen berichten davon: Mein Gott, mein Gott, warum hast du mich verlassen? Das ist die realistische Erfahrung vieler Generationen des Glaubens und des Unglaubens. Und ebenso oft wird in diesem Zusammenhang der Prophet Hesekiel mit seiner grandiosen Vision eines Feldes voller toter Gebeine (Hes. 37) zitiert.

Diese doppelte Linie der jüdischen Geschichte, die Verborgenheit Gottes und die Zuwendung Gottes, ist eine Hilfsvorstellung, dem Geschehen standzuhalten. Das hat aber auch für das Verständnis der Geschichte Konsequenzen. Denn beide Linien müssen in der Geschichte gesehen werden. Man kann nicht die jüdische Geschichte als eine Geschichte nur des Leidens darstellen. Es ist auch eine Geschichte des Lebens, der Bewahrung und Behauptung der eigenen Identität und des Widerstandes. So gehört Auschwitz für die Juden der heutigen Generation in die Kette der Schlüsselereignisse vom Sinai, vom Exil und der Rückkehr und von den Anfängen des jüdischen Staates Israel. Sie sagen, – und wir Christen haben das zur Kenntnis zu nehmen – daß in dieser Erfahrung ihr Nein zu der von ihnen erlebten Christlichkeit der Christen begründet ist in einer

jüdischen Treue zum lebendigen Gott und zu seinem Wort.
Vielen ist sicher die Geschichte „Jossel Rakower spricht zu Gott“ bekannt, eine Geschichte aus dem Warschauer Ghetto. Die letzte Benzinflasche hat er geworfen, dann schreibt Jossel Rakower:

> *„Ich sterbe ruhig, aber nicht befriedigt, ein Geschlagener, aber kein Verzweifelter, ein Gläubiger, aber kein Betender, ein Verliebter in Gott, aber kein blinder Amensager . . . Gott von Israel, ich bin hierher geflohen, um dir ungestört dienen zu können und deine Gebote zu erfüllen und deinen Namen zu heiligen, du aber hast alles getan, damit ich nicht an dich glaube. Solltest du aber meinen, es wird dir gelingen, mich von meinem Weg abzubringen, so sage ich dir, mein Gott und Gott meiner Väter, es wird dir nicht gelingen. Du kannst mich schlagen, mir das beste und teuerste nehmen, das ich auf der Welt habe. Du kannst mich zu Tode peinigen, ich werde immer an dich glauben, ich werde dich immer liebhaben, dir selbst zum Trotz. Und das sind meine letzten Worte an dich, mein zorniger Gott, es wird dir nicht gelingen. Du hast alles getan, damit ich nicht an dich glaube, damit ich an dir verzweifle. Ich aber sterbe, genau wie ich gelebt habe, im felsenfesten Glauben an dich.“*

Der Staat Israel ist nicht der Sinn von Auschwitz, aber er hängt mit Auschwitz historisch und theologisch mit der Geschichte zusammen. Eine Antwort auf Auschwitz zu suchen wäre höchste Blasphemie, sagt Abraham Heschel. Aber Israel gibt die Möglichkeit, die Agonie von Auschwitz ohne totale Verzweiflung zu ertragen.
Eine andere wichtige Stimme ist die von Emil Fackenheim. Als junger Rabbiner in Berlin ordiniert, lebt er jetzt noch als Philosophieprofessor in Ontario. Er möchte auf alle Fälle die dualistische Aufspaltung Gottes in einen guten und einen bösen Gott vermeiden. Er bezieht sich auch auf Martin Buber und dessen Rede von der Gottesfinsternis. Er meint, daß die Begegnung zwischen Gott und Menschen immer stattfindet, auch in Auschwitz, auch in den Phasen des Schweigens Gottes. Die Aussage „Gott auch in Auschwitz“ bedeutet nicht die Entlastung des Menschen durch eine Belastung Gottes. Im Gegenteil, Gottes Gegenwart in den Leidenden und Opfern zeigt die Gottes- und Menschenfeindlichkeit der Mörder und Zuschauer von Auschwitz. An Auschwitz gibt es überhaupt nichts zu rechtfertigen, keine Sinngebung und keine Überhöhung des Geschehens ist möglich. Aber: Der Glaube an Gott ist auch von denen, die sich massiv gegen Gott und sein Volk gestellt haben, nicht zerstört worden. Fackenheim sagt, wir dürften Hitler nicht posthum den Sieg überlassen und den Eindruck

erwecken, als habe er es doch geschafft, Glaube und Identität seines Volkes zu zerstören. Auch wer in Auschwitz das Leben verlor, hat seine Würde nicht verloren. Im Gegensatz zu den Mördern, die ihre Würde und Gottebenbildlichkeit durch die Vernichtung von Gottes Ebenbildern aufgaben, gibt es mitten im Massenmord auch die Erfahrung von individueller und kollektiver Bewahrung. Und hier schließt er seine Ausführungen: Die gebietende Stimme von Auschwitz, vergleichbar der von Sinai, ist die Stimme eines Gottes, der im Exil ist. Und Jude nach Auschwitz zu sein und zu bleiben, heißt nichts anderes, als sich all den Dämonen von Auschwitz zu widersetzen und gegen sie Zeugnis abzugeben. Das heißt, darauf zu vertrauen, daß diese Dämonen nicht die Oberhand gewinnen können und dürfen. Oder mit den Worten eines Redners bei einem Treffen Überlebender in Bergen-Belsen: Der Jude hat ein zweites Sch'ma Israel, ein zweites Glaubensbekenntnis, und dies lautet: „Kein zweites Auschwitz, kein zweites Bergen-Belsen, kein zweites Buchenwald, nirgendwo auf der Welt, für niemanden auf dieser Welt." M. Anielewicz, der letzte Kommandant des Warschauer Ghettos, schreibt an seinen Freund: *„Da wir spüren, daß wir an das Ende unserer Tage gekommen sind, bitte ich dich, bewahre das Gedenken daran, wie man uns verraten hat. Ja, wir wurden verraten. Die Welt wußte und schwieg, unsere Einsamkeit war nur zu vergleichen mit der Einsamkeit Gottes. Die ganze Menschheit ließ uns fallen."*

Wo war Gott in Auschwitz? Die Frage heißt für uns, wo waren die Menschen vor Auschwitz, in Auschwitz, wo sind sie heute nach Auschwitz? 1897 zur Zeit des Dreyfussprozesses hat ein Beobachter dieses Prozesses, nicht Herzl, sondern Lasar, geschrieben: „Für die christlichen Völker wäre eine Übernahme der armenischen Lösung auf Grund ihres Judenhasses denkbar . . . Aber ihr Empfinden darf solches nicht zulassen, kann solches überhaupt nicht in Betrachtung ziehen."[39] Dieser Optimismus im Blick auf die Christen, der Optimismus eines Juden, ist bitter getäuscht und enttäuscht worden. Es ist geschehen, daß die Christen in Widerspruch zu ihrem Glauben und zu ihrem Gott getreten sind. Sie haben Gott allein und einsam gelassen, und mit ihm seine Menschen und sein Volk.

Anmerkungen

[1] in: J.B. Metz/E. Kogon (Hrsg.) Gott nach Auschwitz, 1979, S. 69

[2] aus: A. Goes, Das Brandopfer, 1954, S. 7

[3] E. Wiesel in: Gott nach Auschwitz, S. 45

[4] Ebb. Demandt, Auschwitz 1979, S. 81

[5] A. Bandis (Hrsg.) Richte unsere Füße auf den Weg des Friedens (Für H. Gollwitzer) 1978, S. 392

[6] in: Lutherische Monatshefte 5/79, S. 210

[7] Dies und die folgenden Zitate stammen aus: C. F. v. Weizsäcker, Die Verantwortung im Atomzeitalter, 1957.

[8] Aus: Rolf Seeliger, Braune Universität (im folgenden abgekürzt: BU), Deutsche Hochschullehrer gestern und heute. Bd. II u. III, 1965, S. 17ff. Dort weitere Quellenverweise.

[9] BU III, S. 7ff

[10] BU III, S. 9

[11] BU III, S. 8

[12] in: K. Thieme (Hrsg.): Judenfeindschaft, Darstellung und Analysen, 1963, S. 305.

[13] BU II, S. 64f

[14] S. Pisar, Das Blut der Hoffnung, 1979, S. 212.

[15] BU II, S. 63

[16] vgl. Frankfurter Rundschau v. 6.11.79

[17] in: „Die Reichskristallnacht", 1978, S. 74

[18] in: Gott nach Auschwitz, S. 29

[19] L. Poliakow: Das Dritte Reich und seine Denker, 1959, S. 62

[20] BU II, S. 69

[21] A. Speer, Erinnerungen, 1975, S. 522ff

[22] M. Stöhr (Hrsg): Erinnern, nicht vergessen. Zugänge zum Holocaust, 1979, S. 51.

[23] Pisar, S. 248

[24] Katalog der Gedenkstätte Dachau, S. 280

[25] a.a.O., S. 282

[26] Poliakov, S. 534, vgl. auch:

[27] a.a.O., S. 534

[28] a.a.O., S. 228

[29] Neuköllner Tageblatt v. 12. Mai 1933

[30] Poliakov, S. 121f

[31] BU III, S. 61

[32] Erinnern, nicht vergessen, S. 38

[33] J. Parkes, Antisemitismus, 1963

[34] BU III, S. 80

[35] BU III, S. 7f

[36] G. Scholem, Wider den Mythos vom deutsch-jüdischen Gespräch. In: M. Schlösser. Auf gespaltenem Pfad, 1964, S. 129f

[37] New York 1966

[38] Zum folgenden vgl. M. Stöhr (Hrsg.): Erinnern, nicht vergessen, S. 156ff

[39] in: Gott nach Auschwitz, S. 67

Vgl. zur ganzen Thematik: F.W. Marquardt/A. Friedlaender: Das Schweigen der Christen und die Menschlichkeit Gottes, 1980.

Zehn Aufforderungen zum Thema „Holocaust“

1. Sprechen Sie mit denen, die die Zeit von 1933 bis 1945 erlebt haben: Eltern, Großeltern, Verwandte, Bekannte. Führen Sie das Gespräch vor allem mit Kindern. Erzählen Sie, wie Sie die Zeit erlebt haben. Informieren Sie ehrlich: Weder Entschuldigungen noch Selbstanklagen helfen weiter. Bedenken Sie: Wer sich der Vergangenheit nicht erinnert, ist dazu verurteilt, sie noch einmal zu erleben!

2. Drängen Sie auf die Behandlung der NS-Zeit und des Holocaust in der Schule. Diskutieren Sie Unterrichtseinheiten zum Thema auf Elternabenden. Laden Sie Verfolgte zum Erzählen ein.

3. Fahren Sie mit Ihren Kindern oder Ihrer Schulklasse/Jugendgruppe in nahegelegene ehemalige Lager/heutige Gedenkstätten. Fahrten in die Gedenkstätte Auschwitz, Stutthof, Majdanek sind mit Aktion Sühnezeichen möglich. Nehmen Sie sich für Besuche in den Gedenkstätten Zeit. Erkunden Sie Möglichkeiten der Mitarbeit am Erhalt der Gedenkstätten.

4. Stellen Sie die NS-Zeit sachlich dar. Versuchen Sie dabei nicht, gefühllos und ohne Wertung zu erscheinen; doch dürfen Sie Ihre eigenen Gefühle nicht den Kindern und Schülern aufdrängen. Fördern Sie die Auseinandersetzung. Helfen Sie den anderen zur eigenen Meinungsbildung. Geben Sie ihnen Bücher (besonders Erlebnisberichte) zum Lesen. Gehen Sie auch Einzelschicksalen nach; aus ihnen besteht die unvorstellbare Zahl von sechs Millionen Opfern. Vermeiden Sie Worte wie „Endlösung“, „Liquidierung“, „Ausrottung“. Derartige Begriffe sind zynisch und verschleiernd.

5. Der Holocaust kann niemals als Beispiel allgemein-menschlicher Unzulänglichkeit abgetan werden; er ist von der Geschichte nicht zu isolieren. Stellen Sie den Holocaust im Zusammenhang deutscher beziehungsweise europäischer Geschichte dar. Der Nationalsozialismus, der den Holocaust gewollt und durchgeführt hat, war weder ein „Betriebsunfall“ noch eine „Schicksalsfügung“. Er hat eine Vorgeschichte – auch in den Kirchen – und eine Nachgeschichte. Menschen, die die Verfolgung überlebt haben, und Angehörige der Ermordeten leben in aller Welt.

6. Widerstehen Sie jedem Verrechnen von Schuld: Hier ist nichts zu entschuldigen. Holocaust und die Bombardierung von Dresden lassen sich nicht gegeneinander aufrechnen. Mißtrauen Sie der Legende, man habe erst nach Kriegsende erkennen können, was geschehen war.

7. Lassen Sie sich nicht täuschen: Das NS-Regime hat nicht nur aus Hitler und einigen führenden NS-Leuten bestanden. Wer das NS-System verteufelt und dämonisiert, versucht, sich selbst zu entlasten, und flieht vor Nachdenken und Verantwortung. Erkennen Sie die breite Unterstützung, und sei es durch Duldung, die das NS-System allerorts hatte, so in staatlicher Verwaltung, Justiz, Hochfinanz, Industrie, Wehrmacht, Schulen, Universitäten, Kirchen.

8. Gegen das NS-System ist Widerstand geleistet worden; seine Darstellung darf weder unterschlagen noch auf die Gruppe des 20. Juli 1944 beschränkt werden. Politische Pflicht konnte nicht verantwortungsvoller wahrgenommen werden. Doch pauschale Vereinfachungen und unbedachte Heroisierungen müssen vermieden werden; sie verhindern Einsicht, statt sie zu bewirken.

9. Denken Sie an die vergessenen und verdrängten Opfer der NS-Verfolgung wie die Zigeuner, die slawischen Völker, die Zeugen Jehovas, die Homosexuellen, die Kommunisten.

10. Auschwitz zeigt, wozu Menschen im Umgang mit Menschen unter bestimmten politischen Voraussetzungen fähig sind. Holocaust ist die bisher tiefste Krise unserer Zivilisation, Kultur, Politik und Religion. Ob wir etwas von der Bedeutung dieses unverwechselbaren Geschehens erfaßt haben, zeigt sich daran, wie wir mit unseren politischen Aufgaben umgehen, ob wir die Ehre des politischen Gegners nicht verletzen, ob wir das Recht der anderen, anders zu sein, achten. Dies ist nicht zuletzt eine Bedingung für die eigene Zukunft. Nur was wir anderen einzuräumen bereit sind, können wir für uns erhoffen.

Nürnberg, 16. Juni 1979

Arbeitsgemeinschaft Juden und Christen
beim Deutschen Evangelischen Kirchentag

Gewissen und Gedächtnis: Jüdische Geschichte in Deutschland*

Werner Licharz

I. Können sich nur die Opfer erinnern?

In Yad Vaschem, einer Gedenkstätte in Jerusalem zur Erinnerung an die Ermordung von sechs Millionen Juden, ist über dem Eingang zu lesen:

> *Verdrängen hält die Erlösung auf. Sich erinnern bringt sie näher.*

Der Baal-Schem-Tow, der Meister des guten Namens in den von Martin Buber im deutschen Kulturraum bekannt und beliebt gemachten chassidischen Legenden, sagt: „Vergeßlichkeit führt zum Exil, aber Gedächtnis ist das Geheimnis der Erlösung."

In einer Gedenkrede für die jüdischen Opfer des Nationalsozialismus in Kassel, hat Robert Raphael Geis folgendes gesagt:

> *„Zu einer Stunde der Erinnerung sind wir hier zusammengekommen. Aber bedürfen wir dieser Stunde? Unser Leben ist ja bis in jede Stunde gezeichnet durch grausigste Erinnerungen. Und könnten wir unserem Schmerz überhaupt Ausdruck geben? Nicht das Wort, der Schrei, der gellende Schrei wäre allein Ausdruck für unser Leid!"*

Und Robert Raphael Geis erinnert sich:

> *„Ich erinnere mich . . . des Zuchthauses Kassel-Wehlheiden;*
> *Ich erinnere mich . . . des Überfalls auf unsere Synagoge anläßlich einer Weihestunde am Sonntagnachmittag;*
> *Ich erinnere mich . . . der herzzerreißenden Verschickung der Ostjuden;*
> *Ich erinnere mich . . . der Zerstörung unseres ehrwürdigen Gotteshauses;*
> *Ich erinnere mich . . . des Konzentrationslagers Buchenwald;*
> *Ich erinnere mich . . . ich erinnere mich . . . "*

und Geis fährt fort in seiner Gedenkrede:

> *„Nur eine kurze Zeit schien es, als ob unser Glaube Wirklichkeit werden sollte, daß wir leben dürften als Gleichberechtigte unter den Völkern. In dieser Weltstunde haben wir die Völker lieben gelernt, die uns die Freiheit gaben – unsere Liebe war so heftig, daß sie einer Selbstaufgabe gleichkam – so haben wir ein Deutschland geliebt, das längst wieder vergangen ist und das wir noch immer nicht vergessen haben . . . "*[2]

*Vortrag zur Woche der Brüderlichkeit bei einer Veranstaltung der Gesellschaft für Christlich-Jüdische Zusammenarbeit in Kassel am 10.3.1980

Elie Wiesel schreibt in seinem Aufsatz „Die Massenvernichtung als literarische Inspiration“:

„*Ich gehöre einem Volk an, dessen Leiden so alt ist, wie das Leid der Erde. Ich gehöre zu einem Volk, das die Erinnerung an das Leid wachhält; ich gehöre zu einem Volk, das sich mühte, das Leid zu mildern, es in seine Schranken zu weisen, es zu entwaffnen, und es – soweit dies möglich ist – menschenwürdig zu machen.*
Mein Volk ist ein Volk der Geschichte. Wir haben Geschichte gemacht – ich möchte fast sagen, mein Volk hat die Geschichte erfunden. Kein Volk gedenkt so wie das Meinige sowohl seiner Feinde wie seiner Freunde. Zachor V'shamor b'dibur echad – uns wurde gesagt: erinnere Dich und halte das Gedenken lebendig. Wie gleichsam die übrigen Tage geschaffen sind um des einen Sabbattages willen, so möchte ich sagen, sind uns alle anderen Worte gegeben, um des einen Wortes willen: Gedenke!“ [3]

Wenn wir diese Stimmen hören, so müssen wir uns in der Tat fragen: können nur die Opfer sich erinnern, sind nur sie geplagt von Skrupeln des Gewissens, von ihrer Erfahrung der Unmenschlichkeit, von ihren nach wie vor blutenden Wunden? Wo sind wir? Wo stehen wir? Schon dringen wenige Monate nach dem Holocaust-Film und nach dem großen Erschrecken und Fragen in unserer Bevölkerung jene Stimmen wieder an unser Ohr, die einmal von einem Juden als ‚Die Stimmen des häßlichen Deutschen‘ bezeichnet worden sind:

– Ich war nicht dabei . . .
– Was konnten die Einzelnen tun . . .
– Ich habe nur Befehle ausgeführt . . .
– Es waren ja gar keine sechs Millionen Juden, die umgebracht wurden . .
– Die anderen haben auch Verbrechen begangen . . .
– Die Konzentrationslager waren gar keine deutsche Erfindung . . .
– Wir haben von nichts gewußt . . .
– Die Todesstrafe gehört wieder eingeführt . . .
– Es muß doch mal vergessen, es muß doch mal ein Schlußstrich gezogen werden . . .
– Unter Hitler herrschten jedenfalls Zucht und Ordnung.

Was soll man dazu sagen, wenn Jugendliche und junge Deutsche sich in neonazistischen Organisationen betätigen und antisemitische Parolen frei und fröhlich heraussprechen und -schreiben, obwohl sie doch wahrscheinlich noch nie in ihrem Leben einem einzigen Juden begegnet sind? Ein Antisemitismus ohne Juden!

Was soll man dazu sagen, wenn im Prozeß gegen Lischka, Hagen, Heinrichsohn der Verteidiger Hagens, namens Clemens, folgendes in seinem Schlußplädoyer ausführt: „ . . . Das Weltjudentum habe 1933 Deutschland den ‚Heiligen Krieg' erklärt, ein Friedensschluß seitens der Juden sei bisher nicht erfolgt . . . "

Ist es nicht für uns Christen alle beschämend, wenn Richter Faßbender in der Begründung seines Urteils gegenüber Heinrichsohn folgendes feststellen muß:

> *„Es ist für jeden erkennbar ein Unterschied, ob ich wie Sie im Lager die schlimmen, verheerenden Zustände sehe, so wie sie uns die Zeugen Daltroff und Husson, sowie der Zeuge Wellers geschildert haben, wenn Sie dabei sind, wie die Kinder – und daß ein 22jähriger wie Sie ein Elend der Kinder sieht, auch wenn er damals nicht verheiratet war, das bedarf doch gar keiner Frage – im Elend sind, wie wir es geschildert bekommen haben, mit eingefallenen Gesichtern, ausgehungert, schlecht gekleidet, ihren Namen nicht kennend, ihre Eltern vorher von ihnen entfernt. Das erkennt ein 22jähriger. Dafür braucht man nicht älter und reifer zu sein. Und das haben auch Sie erkannt. Sie haben ja in dem gesamten Verfahren mit Halbwahrheiten, mit Unwahrheiten, mit halben Erklärungen und dann wieder mit Hinter-dem-Berg-Halten operiert. Obwohl, Herr Heinrichsohn, wir gerade für Ihre besondere Situation Verständnis haben . . . aber hätte denn nicht in diesen Sälen von Ihnen eine klare, eindeutige Erklärung kommen können, die wir ständig erwartet haben, um die wir Sie nahezu angefleht haben? Hätte das denn nicht Ihren Lebensabend heiterer gestalten können als das, was hier im Saal geschehen ist, wo noch zu guter Letzt Dinge von Ihrer Verteidigung behauptet wurden, die selbst dieses Gericht, das viel geschluckt hat, nicht hinnehmen kann?"* [4]

Gewissen und Gedächtnis! Wenn es uns wirklich ernst damit ist, uns Christen, dann wollen wir heute und hier ganz deutlich sagen: Von niemandem mehr, von keiner Organisation, von keiner Partei, von keiner Gruppe lassen wir uns in der Schärfung unserer Gewissen und in dem Versuch einer kritischen Aneignung unserer deutschen und deutsch-jüdischen Vergangenheit behindern, beeinträchtigen, ablenken oder gar korrumpieren. Weil wir dabei sind, aus Auschwitz zu lernen, weil wir auf dem Weg sind, uns und unsere Welt mit den Augen der Opfer und der unter uns lebenden und überlebenden Juden zu sehen, wenden wir uns gegen alle Versuche, zu verdrängen und zu verharmlosen. Mit Friedrich Marquardt sagen wir: „Christen halten die Wunden offen. Sie täuschen sich nicht darüber hinweg, daß die Wunden nach wie vor bluten." [5]

Bei mehreren Veranstaltungen zur 40. Wiederkehr der Reichskristallnacht, besser Reichspogromnacht, im November 1978 haben wir in Bonn wichtige Erkenntnisse gesammelt: einmal, während der Vorbereitung gemeinsamer Veranstaltungen in den beiden Studentengemeinden, fragten wir uns: Wer sind die Juden in Bonn, wo sind und leben sie? Gibt es überhaupt eine Synagoge? Weiß jemand etwas über die Geschichte der Juden in Bonn? Und wir sind furchtbar erschrocken: wir wußten nichts, nichts über die jüdische Gemeinde, nichts über ihre Geschichte, nichts über die Art und Weise, wie sie Gottesdienst feiern. Und wir stellten uns die Frage: Warum haben wir in den vielen ökumenischen Veranstaltungen der letzten Jahre in Bonn niemals an die Synagoge gedacht? Können wir überhaupt von Ökumene sprechen und Ökumene praktizieren, ohne die Synagoge bei uns zu haben? Auch über die jüngste deutsche Geschichte des Judentums in Deutschland besteht bei Schülern und Studenten weitgehende Unkenntnis. Viele junge Menschen wissen auch nichts über das Ostjudentum, sie wissen nichts über Talmud und Mischna. Selbst bei Theologiestudenten in höheren Semestern sind nur geringe Kenntnisse über die zweitausendjährige deutsch-jüdische Geschichte vorhanden.

Schließlich, während einer antifaschistischen Woche, die von verschiedenen linken studentischen Organisationen durchgeführt wurde, mußte man den Eindruck haben, daß die Erfahrung der Juden unbeachtet blieb. Dem Wunsch nach politischem Lernen, z.B. welche Faktoren den Umschwung der Weimarer Republik in die spezifische Form des deutschen Faschismus bewirkt hätten, entsprach in keiner Weise die Absicht, sich gleichfalls mit der Jüdischen Geschichte auseinanderzusetzen. Hätte man bei der Erinnerung an die Reichskristallnacht nicht erwarten können, daß das den Juden in Deutschland Angetane im Mittelpunkt gestanden hätte? Bei der Erinnerung an die Opfer des deutschen Faschismus kamen stattdessen Juden nur insofern vor, als sie neben Kommunisten und Demokraten auch als Opfer genannt wurden. Von Studenten und studentischen Gruppen wurde entrüstet zurückgewiesen, sich mit den Juden im Dritten Reich, sich mit den Juden in Deutschland zu befassen. Es ginge vielmehr um die „Juden von heute", die Gastarbeiter, die Opfer des Berufsverbots, die Kinder usw. usw.

Ich erkenne hierin eine ernste Gefahr, und wiederum möchte ich mit Marquardt sagen:

> *Es ist gespenstisch, „daß heute unter allen Opfern von Auschwitz die jüdischen Opfer zur reinen Formsache erklärt werden, daß nämlich überall nach „Juden von heute" gefragt wird, als stünde das Judesein nach Auschwitz wie eine leere Hülle zu beliebiger Neuausfüllung bereit: die Palästinenser seien die Juden von heute . . .*

Tiefer vernichtet, radikaler ausgelöscht kann das Judentum nicht mehr werden, als daß ihm jetzt auch noch sein unverwechselbarer Name geraubt, es zu einer beliebig auswechselbaren Funktion des öffentlichen Bewußtseins und seiner Propaganda entleert wird. So hat es christlicher Antijudaismus durch 2 Jahrtausende gehalten, wenn Christen sich die „wahren Juden", die Kirche sich das „wahre Israel" nannte. Der christliche Namenraub führte nach Auschwitz; im heutigen Namenraub, in der heutigen Entleerung der Juden zu einer bloßen Sprachhülse triumphiert nach Auschwitz der Geist von Auschwitz." [6]

Deswegen sollte in der Woche der Brüderlichkeit 1980 eines von uns wieder neu gelernt werden: Christen wenden sich gegen jedweden Versuch, den jüdischen Namen zu entleeren. In dem wir uns der jüdischen Geschichte in Deutschland zuwenden und diese Geschichte bekannt machen, wollen wir einen kleinen Beitrag dazu leisten, den jüdischen Namen zu retten.

II. Jüdische Geschichte in Deutschland

Jüdische Geschichte in Deutschland ist zuallererst Glaubensgeschichte. Bezeugung des Königtums Gottes auf Erden und als Martyriumsgeschichte Heiligung des göttlichen Namens, Kiddusch haschem. Als solche Geschichte beschämt sie die Christenheit im höchsten Maße und ist gleichzeitig ihr wahrer Grund des Glaubens.

Wenn ich hier Dokumente jüdischen Glaubens aus verschiedenen Epochen der jüdischen Geschichte vorstelle, so möchte ich dies im Rahmen einer Skizze der zweitausendjährigen Geschichte der Juden in Deutschland tun.

Pinchas Lapide, der sehr vielen Christen aus Vorträgen und Veranstaltungen als hervorragender Kenner des Judentums bekannt ist, hat bei einer Podiumsdiskussion während des Kirchentags in Nürnberg die jüdische Geschichte in Deutschland in folgende große Epochen unterteilt:

1. Ein Jahrtausend eines oft zweideutigen Nebeneinanders
2. Ein knappes Jahrhundert eines fruchtbaren Nebeneinanders
3. Ein Jahrzehnt eines einseitigen blutigen Gegeneinanders, das in Auschwitz sein Ende fand.

Von Kaiser Ludwig dem Frommen bis etwa 1830 sei in den Urkunden fast immer von der jüdischen Nation die Rede, die meist abgesondert in den Judengassen und Ghettos lebte und als andersartig empfunden wurde. Um

1800 beginne mit der Emanzipation ein zaghaftes Miteinander, das binnen 100 Jahren eine ganze Galerie von Koryphäen, Genies und Nobelpreisträgern hervorgebracht hat. Nur das letzte Jahrhundert sei ein moralischer Niedergang ohnegleichen gewesen, dem sechs Millionen Juden und doppelt soviel Deutsche zum Opfer fielen. Lassen Sie mich nach dieser recht allgemein gehaltenen Periodisierung, die darüber hinaus, so meine ich, sehr wohlwollend von Lapide skizziert wird, einige Details herausarbeiten.

a) Die jüdische Geschichte in Deutschland geht zurück bis in die römische Zeit, d. h. jüdische Gemeinden lebten bereits in Deutschland, bevor es dieses Deutschland überhaupt gab und lange bevor es hier Christen gab. Die älteste Urkunde über ihre Existenz datiert zwar erst vom 11. Dezember 321, wo in einem Brief, einem Edikt Kaiser Konstantins, die jüdische Gemeinde in Köln urkundlich erwähnt wird. Aber es spricht vieles dafür, daß Juden bereits im ersten vorchristlichen Jahrhundert mit den Römern nach Germanien kamen, sei es als Kaufleute, die sich den römischen Legionen anschlossen oder aber innerhalb des römischen Waffendienstes. Wir können also davon ausgehen, daß längs der rheinischen Nord-Südstraße, in Köln, Trier, Mainz, Worms, Speyer, aber auch an Main und Donau Juden lebten und jüdische Gemeinden mit Rabbinern, Synagogenvorstehern, Ältesten usw. existierten. Dies kann man jedenfalls dem Edikt Kaiser Konstantins entnehmen. Leo Sievers hat in seinem Buch „Juden in Deutschland" angemerkt, daß die Mainzer, Regensburger und Ulmer Juden in der Überzeugung lebten, sie seien sogar schon vor Christi Geburt in ihrer Stadt seßhaft gewesen, und von den Wormser Juden würde sogar die Legende überliefert, ihre Vorfahren hätten mit einem Sendschreiben an Pontius Pilatus gegen die Hinrichtung Jesu Christi protestiert. Wie immer man diese Berichte beurteilen mag: sie zeigen, daß Juden zur Zeit der Römer am Rhein und an der Donau lebten, daß sie Bürgerrecht hatten und als Grundbesitzer oder Kaufleute in ruhigen Verhältnissen und in gutem Einvernehmen mit ihrer Umwelt lebten.

b) Unter den Merowingern und Karolingern lebten Juden als Fremde unter dem Schutz der Kaiser. Sie hatten das Recht der freien Religionsausübung sowie das Handelsrecht, auch konnten sie Sklaven und christliche Arbeiter beschäftigen. Karl der Große erkannte bald ihre wirtschaftliche Erfahrung und versuchte, dies zu nutzen in seinen Verbindungen zum Kalifat. Der erste Jude, den wir aus der Geschichte kennen, hieß Isaac. 797 sandte Karl der Große Isaac gemeinsam mit zwei Edelleuten zum Kalifen Harum al

Raschid zur Vertiefung der diplomatischen Beziehungen. Mehr wissen wir über Isaac nicht, außer, daß es zu seiner Zeit in vielen Städten an Main, Rhein, und Donau Juden gab, die als Kaufleute, Ackerbauern, Handwerker, Weinbergbesitzer und Ärzte arbeiteten und lebten.
Unter Ludwig dem Frommen gab es viele blühende jüdische Gemeinden mit Selbstverwaltung, mit Synagoge, mit Bade- und Backhaus, mit Krankenhaus und Friedhof; und aus der Mitte des 10. Jahrhunderts kennen wir bedeutende Lehrhäuser und Gesetzeslehrer. Der bekannteste Lehrer dieser rabbinischen Hochschulen ist Gershom ben Jehuda mit dem Ehrennamen ‚die Leuchte der Diaspora'. Von Metz kommmend, hat er in Mainz gelehrt, und auf ihn geht die Gründung der ersten talmudischen Hochschule zurück. Ein anderer bedeutender Gelehrter war der Bibelkommentator Salomo ben Jitzchak, genannt Raschi.
Wir können also für das erste nachchristliche Jahrtausend festhalten: Juden und jüdische Gemeinden haben die große Völkerwanderung, den Untergang Westroms, die Entstehung germanischer Staaten und die Entstehung des Heiligen Römischen Reiches Deutscher Nation sowie die Kolonisierung Nord- und Mitteldeutschlands nicht nur schlecht und recht überlebt, sondern sie waren ein wesentliches Element im städtischen Leben, und ebenso waren sie mit dabei, als die ersten deutschen Siedlungen an Elbe und Saale entstanden. Sie beteiligten sich am städtischen Leben, in der kommunalen Verwaltung, hatten die gleichen Rechte und Pflichten wie die Christen, lebten mit ihnen in gut-nachbarlichen, oft freundschaftlichen Beziehungen, vor allem auch bei den geschäftlichen Unternehmungen. Es war eine gute Zeit, die etwa bis 1090 andauerte.

c) Die Judenverfolgung zur Zeit der Kreuzzüge.
Mit dem ersten Kreuzzug 1096 änderte sich blitzartig die Situation für die Juden. Völlig überrascht empfanden sie noch Mitleid und Trauer gegenüber den Verwüstungen jüdischer Gemeinden in Frankreich, aber dachten noch nicht an ihren eigenen Untergang. Es kam zu einem furchtbaren Blutbad in den Gemeinden Metz, Trier, Speyer, Worms, Mainz, Köln, Regensburg, Prag. Drei Chroniken, die frühesten Zeugnisse jüdischer Geschichtsschreibung, halten dieses erste Judenmassaker fest und zeigen uns etwas von der Glaubensstärke, die die Juden in dieser Zeit auszeichnete. In einer Chronik des Elieser ben Nathan wird folgendes geschildert:

> *„Es war im Jahre 4856 nach Erschaffung der Welt (1096), . . . da trafen uns viele und schwere Leiden, die in diesem Reiche, seitdem es gegründet wurde, noch nicht vorgekommen waren . . . denn es erhoben sich*

freche Menschen, fremdländisches Volk, eine grimmige, ungestüme Schar von Franzosen und Deutschen aus allen Ecken und Enden, die sich vorgenommen hatten, nach der heiligen Stadt Jerusalem zu ziehen, um dort das Grab ihres Heilandes aufzusuchen, die Ismaeliten von dort auszutreiben und sich des Landes zu bemächtigen. Sie hefteten als ihr Erkennungszeichen ein Kreuz an ihre Kleider, sowohl Mann wie Frau, alle, die sich bereit fanden, dort hinzuziehen, so daß sie zahlreicher als die Heuschrekken waren . . . Als sie nun auf ihrem Zuge durch die Städte kamen, in denen Juden wohnten, sprachen sie in ihrem Herzen: „Sehet wir ziehen dahin, das Heilige Grab aufzusuchen und Rache an den Ismaeliten zu üben; und hier sind die Juden, die ihn umgebracht und gekreuzigt haben ohne Grund. Lasset zuerst an ihnen uns Rache nehmen und sie austilgen, so daß sie kein Volk mehr bilden, daß der Name Israel nicht mehr erwähnt werde; oder sie sollen unseresgleichen werden und zu unserem Glauben sich bekennen. Als die Gemeinden solches hörten, da befiel sie Zittern und Angst und Wehe, und sie griffen zu der Handlungsweise ihrer Väter, nämlich zum Gebete, zur Wohltätigkeit und zur Buße; sie setzten Fasten ein, einzeln sowohl als drei Tage hintereinander folgend, Nacht und Tag und schrien zum Ewigen auf in ihrer Not . . . In jenem Jahr fiel das Passahfest auf Donnerstag und der Neumondstag Ijar auf Freitag und Sabbat. Am Sabbat, dem 8. Ijar, überfielen die Feinde die Gemeinde Speyer und erschlugen zehn heilige Personen. Diese waren die ersten, die ihrem Schöpfer heiligten und sie taten es am heiligen Sabbattage, da sie sich nicht taufen lassen wollten. Darunter befand sich auch eine fromme Frau, die sich zur Heiligung des göttlichen Namens selbst schlachtete. Sie war die erste von denen, die sich selbst schlachteten oder schlachten liessen. Die übrigen wurden ohne Taufe von dem Bischof gerettet. Am 23. Tage des Ijar überfielen die Wölfe der Wüste (laut Jeremia 5,6) die Gemeinde Worms. Die Gemeinde teilte sich in zwei Gruppen; einige blieben in ihren Häusern, andere hielten sich in den Gemächern des Bischofs auf. Da erhoben sich die Feinde und Dränger gegen die Juden, die in ihren Häusern waren, überfielen sie und brachten sie um, Männer, Frauen und Kinder, Jünglinge und Greise; sie rissen die Häuser nieder, stürzten die Treppen um, machten Beute und plünderten. Sie nahmen die heilige Thora, traten sie in den Straßenkot, zerrissen und zerfetzten sie, schändeten sie und trieben Spott und Scherz mit ihr.

Nach sieben Tagen am Neumondstage des Sivan, am Tage an dem Israel zum Sinai gekommen war, um die Thora zu empfangen, wurden auch diejenigen, die sich im bischöflichen Palaste befanden, aufgeschreckt. Die Feinde verfuhren mit ihnen, wie sie mit den früheren verfahren hatten, mißhandelten sie und übergaben sie dem Schwerte. Diese, durch das von ihren Brüdern gegebene Beispiel gestärkt, heiligten noch mehr den Namen ihres Schöpfers, sie legten nämlich Hand an sich. Alle nahmen ungeteilten Herzens das himmlische Verhängnis an, und indem sie ihre Seele ihrem Schöpfer übergaben, riefen sie: ‚Der Ewige ist unser Gott, der Ewige ist einzig!' Die Feinde zogen sie nackt aus und schleiften und warfen sie umher, und am Neumondstage blieben wenige am Leben. An 800 betrug die Zahl der an jenen beiden Tagen der Heiligung des göttlichen Namens willens Umgekommenen; sie wurden alle nackt zu Grabe gebracht . . . Gott möge ihrer zum Guten gedenken!" [7]

In den jüdischen Annalen des 1. Kreuzzuges vom 27. Mai 1096 in der Stadt Mainz lesen wir:

„Es war um die Mittagszeit, da rückte Emicho, der grimmige Judenfeind, mit seinem ganzen Kriegsvolk vor die Stadt und nun öffneten ihm die Städter das Tor. Die ersten, die die Feinde trafen, als sie in den Hof eindrangen, waren einige der Frömmsten, unter ihnen Rabbi Itzchak Ben Mosche, ein großer Gelehrter. Sie hatten es verschmäht, in die inneren Gemächer zu flüchten, um sich noch eine Stunde Lebens zu erkaufen. Vielmehr saßen sie da, in ihre Gebetmäntel gehüllt, das Urteil des Himmels in Liebe auf sich nehmend. Die Feinde überschütteten sie mit Steinen und Pfeilen und hieben sie dann mit Schwertern nieder. Als nun diese, die drinnen in den Gemächern waren, solche Taten der Frommen sahen und wie die Feinde über sie kamen, da schrien sie: ‚Es ist das Beste, unser Leben zum Opfer zu bringen'. Die Frauen gürteten ihre Lenden mit Kraft und schlachteten zuerst ihre Söhne und Töchter und dann sich selbst. Auch viele Männer faßten sich ein Herz und schlachteten ihre Frauen und Kinder. Bräute und Bräutigame blickten durchs Fenster und riefen laut: „Siehe auf uns, unser Gott, was wir tun, um Deinen großen Namen zu heiligen!' Die Blutströme flossen zusammen, alle wurden sie getötet, elfhundert Opfer an einem Tag. Märtyrer, die ihre Seelen an Gott auslieferten, eingedenk der Worte des Hohen Liedes: ‚Lege mich wie ein Siegel auf Dein Herz, wie ein Siegel auf Deinen Arm, denn stark wie der Tod ist die Liebe'. " [8]

d) So waren mit dem Fanatismus der Kreuzzugsidee die Juden binnen kurzer Zeit überall in Europa als Volk der „Christusmörder" charakterisiert. Ob man ihnen Ritualmord an Kindern von Christen vorwarf oder Hostien- und Reliquienschändung, ob man sie der Gotteslästerung oder später der

Brunnenvergiftung in Folge ihrer angeblichen Zugehörigkeit zur Teufelswelt beschuldigte, die Juden waren stets willkommene Sündenböcke für kulturelle, wirtschaftliche oder politische Schwierigkeiten, die von den Herrschenden nicht gelöst werden konnten.
(Es wäre in diesem Zusammenhang ausführlich über die Geschichte des Antisemitismus zu berichten. Antisemitismus hat es auch schon in der Antike gegeben. Aber erst das Christentum brachte eine Typologie des Juden hervor. Erst unter christlicher Herrschaft wurden die Juden als Feinde bezeichnet und behandelt. Prinzipielle Judenfeindschaft wurde also erst im christlichen Abendland erfunden und praktiziert. Von Papst Innozens III. sagt man, daß er die Juden immer wieder als didaktisches Exempel beschwor; denn an Juden sollten die Christen sehen, wie die „Unseeligen" leben.)
Fast ein halbes Jahrtausend hindurch, bis zur Mitte des 16. Jahrhunderts, verschlechterte sich das Los der Juden in Deutschland zunehmend. Zunächst: um die Juden vor ähnlichen Exzessen wie während des ersten Kreuzzuges in Zukunft zu schützen, wurden sie in das System der Kammerknechtschaft eingebunden. Sie wurden damit zum Besitz des Kaisers erklärt. Für diesen „Schutz" mußten sie jeweils hohe Abgaben leisten. Waren die Kaiser in wirtschaftlichen Schwierigkeiten, dann konnten sie die Juden an geistliche und weltliche Herrschaft weiter verkaufen. Robert Raphael Geis ist zuzustimmen, wenn er zu dieser Situation anmerkt: „Damit war der Weg vom Humanen zum Schmutzigen bereitet . . . So sank der Jude langsam vom Menschen zur Ware herab. Die goldene Bulle von 1356 zählte ohne Bedenken neben Bergwerknutzung und Wäldern die Juden auf." [9]
Hinzu kam auf der wirtschaftlichen Seite, daß die Juden keinen Besitz an Grund und Boden haben durften und in den Zünften nicht zugelassen waren. Als Kaufleute wurden sie durch das erstarkende christliche Bürgertum zurückgedrängt. Und nachdem seit Innozens III. das Zinsverbot der Kirche von den Christen streng befolgt werden mußte, wurden die Juden immer stärker in den verächtlichen Beruf des Geldhandels hineingetrieben, obwohl auch ihnen im Sefer-chassidim, im Buch der Frommen, um 1200 noch empfohlen wurde: „Wenn jemand eine andere Erwerbsmöglichkeit hat, soll er nicht Geld auf Zins leihen." So kamen also Juden in das Geldgeschäft, wobei die hohen Zinssätze zwischen 43 und 116 % nicht von den Geldgebern, sondern gesetzlich geregelt waren.
Am Ende des 13. und in der Mitte des 14. Jahrhunderts lagen dann die schlimmsten Verfolgungsjahre. Im Pestjahr 1349 wurden mehr als 350 Gemeinden zerstört und fast die gesamte Judenschaft umgebracht. In einer

Geschichte der Juden wird am Beispiel der Gemeinde in Hildesheim das ganze Schicksal der Juden in der Diaspora deutlich. Dort heißt es:

„Juden finden sich hier zum ersten Mal im Jahre 1347. Sie wurden während der Pestmassaker des Jahres 1349 ausgerottet, gründeten 1351 eine neue Gemeinde, die nur ein paar Jahre bestand, wurden 1520 wieder zugelassen, wurden im Jahre 1542 mit einer einzigen Ausnahme wieder vertrieben, erhielten in den Jahren 1585-1587 Schutzversprechen vom Kurfürsten und vom Magistrat, wurden dennoch im Jahre 1595 verjagt, durften 1601 wieder zurückkehren, wurden im Jahre 1609 unter der Beschuldigung, die Pest verursacht zu haben, aus der Stadt getrieben, wurden kurz danach wieder zurückgerufen, um 1660 ausgewiesen zu werden und sich endlich 1662 in Hildesheim niederzulassen. Erst von da an gibt es eine ununterbrochene Geschichte dieser Gemeinde, die bis in das 20. Jahrhundert reicht." [10]

Diese Chronik, so meine ich, spricht für sich. An dieser Stelle sei ein Glaubenszeugnis eingefügt. Am Ende des 15. Jahrhunderts wurden die sephardischen Juden aus Spanien massenweise ausgewiesen, weil sie die Zwangstaufe verweigerten. Diese Flüchtlinge kamen auch nach Deutschland, wo sie nur in Hamburg Aufnahme fanden. In der Chronik des Salomon Ibn Varga lesen wir:

„Ich höre von alten Emigranten aus Spanien, daß ein Schiff mit Flüchtlingen von der Pest heimgesucht wurde. Der Kapitän warf sie an einem unbekannten Ort ans Land. Viele starben vor Hunger, einige wenige rafften sich auf und gingen, bis sie etwa einen bewohnten Ort fänden. Einer der Juden hatte seine Frau und seine zwei kleinen Söhne mit sich. Die Frau, des Marschierens ungewohnt, wurde schwach und starb. Der Mann trug die Kinder weiter, bis er ohnmächtig niedersank. Als er aufwachte, fand er beide Söhne tot. In seinem Schmerz stand er auf und sprach: ‚Herr der Welten! Viel tust Du, damit ich meinen Glauben aufgebe. Wisse aber, daß ich sogar den Himmelsbewohnern zum Trotz ein Jude bin und ein Jude sein werde. Da wird nichts nützen, was Du auch über mich gebracht hast und noch über mich bringen magst.' Dann raffte er ein wenig Staub und Gräser auf, bedeckte damit die toten Kinder und ging seines Weges, um eine bewohnte Stätte zu suchen." [11]

In einigen Punkten möchte ich allerdings das Bild, das uns die Märtyrerakten gezeichnet haben, ein wenig korrigieren. Einmal sollten wir zur Kenntnis nehmen, daß unter die großen deutschen Minnesänger auch der Jude Süskind von Trimberg gehört, der in der zweiten Hälfte des 13. Jahrhunderts lebte. In der großen Heidelberger Liederhandschrift sind u. a. auch mehrere Verse seiner Spruchdichtung abgedruckt, auch er selbst in die Judentracht gekleidet, abgebildet. Wir wissen nicht sehr viel über ihn und sein Leben, außer, daß er offenbar im Alter mehr und mehr aufgab, an weltlichen und geistlichen Höfen seine Verse für klingende Münze vorzutragen. Wenn in 1981 des 750. Todestages von Walther von der Vogelweide gedacht wird, so sollte man sich auch jenes großen jüdischen Dichters erinnern.

Zum andern hielten die Juden an der mittelhochdeutschen Sprache fest und schufen das Jiddische, Taitsch oder Leschonenu (unsere Sprache). Zwischen dem 11. und 14. Jahrhundert haben deutsche Juden diese Sprache ausgebildet. Sie blieb auch die Sprache der Juden nach ihrer Vertreibung in den Osten. Fast die gesamte Literatur, Lehrbücher, Erbauungsschriften usw. wurden in jiddischer Sprache geschrieben. Die deutsche Ritter- und Volksliteratur wurde ins Jiddische übertragen. Z. B. gibt es eine jiddische Handschrift des Gudrunliedes aus dem 14. Jahrhundert.

Schließlich muß man auch auf die Bewegung der Chassidej-Aschkenas hinweisen, der Frommen Deutschlands, deren Ziel es war, durch verstärkte imitatio Dei sich für Schimpf und Spott unempfindlich zu machen. Es war eine Massenbewegung, die über mehrere Jahrhunderte hin eine breite Basis in den jüdischen Gemeinden hatte.[12]

e) Im Zeitalter des Absolutismus, wirtschaftlich gesehen des Merkantilismus, wurde nur eine kleine Schicht fürstlicher Schutz- und Hofjuden in ansehnliche und ehrbare Funktionen gebracht, einige hundert Juden bloß, die vor allem die Kriege und den höfischen Luxus zu finanzieren hatten. Aber für die Masse der Juden in Deutschland tat sich das Tor zur Freiheit erst mit den siegreichen Prinzipien der Französischen Revolution langsam auf. Im Jahre 1782 erließ der Habsburger Josef II. das Toleranzedikt. Wichtige Stationen waren auch die Verfassung der Vereinigten Staaten von 1787 sowie das Gleichberechtigungsdekret der Französischen Verfassung von 1791. Fast eine Generation später, 1812, wurden auch in Preußen bürgerliche Rechte und Pflichten zuerkannt, aber in den seit 1814/15 zu Preußen gehörenden Provinzen Posen und Westpreußen, in denen viele Juden lebten, erst im Jahre 1869. Es wäre jetzt von vielem zu sprechen, was dieses Jahrhundert des fruchtbaren Miteinanders, wie es Lapide formulierte, geprägt hat:

– von der Liebe zu Kant, Lessing, Goethe, Schiller und Humboldt;
– von den Berliner Salons der jüdischen Frauen Henriette Hertz (1764-1847) und Rahel Varnhagen von Enses, die die geistigen Zentren vom 18. zum 19. Jahrhundert darstellten und in denen die großen Geister

der Zeit, wie die Brüder Wilhelm und Alexander von Humboldt, Jean Paul, Heinrich von Kleist, Schleiermacher, Fichte, Hegel, Heine und viele andere verkehrten;

- von der Beteiligung der Juden an den Freiheitskriegen;
- von herausragenden jüdischen Personen des 19. und 20. Jahrhunderts und ihrem Beitrag zur deutschen Kultur. Wir denken hier z.B. an die Komponisten Felix Mendelssohn-Bartholdy, Gustav Mahler, Arnold Schönberg; den Maler Max Liebermann, den einzigen deutschen Impressionisten von Weltgeltung; die bedeutenden Juristen Ewald von Simson, Präsident des Paulskirchenparlaments, des Reichstags; Eduard Lasker, der an der Reichsverfassung und der Reichsgesetzgebung der Bismarck-Zeit mitwirkte; Lewin Goldschmidt, den ersten jüdischen Ordinarius in Deutschland; Moritz Ellstädter, der fast 30 Jahre lang in Baden als Finanzminister gearbeitet hat; Hugo Preuß, der an der Weimarer Verfassung mitwirkte; die bedeutenden Forscher und Denker, wie Albert Einstein, Paul Ehrlich, Sigmund Freud, Hermann Cohen, Martin Buber, Walter Rathenau; die Verleger Samuel Fischer und Kurt Wolf; die Dirigenten Hermann Levi und Leo Bernstein; die Schauspieler Alexander Moissi und Fritz Kortner; die Schriftsteller Heinrich Heine, Hugo von Hofmannsthal, Alfred Mombert, Karl Wolfskehl, Stefan Zweig, Egon Friedell, Jakob Wassermann;
- 1914 rückten 100.000 Juden als Soldaten ein. Von ihnen waren 78 % im Frontdienst. 30.000 wurden ausgezeichnet; über 10.000 sind im Krieg gefallen.[13]

Es wäre hier auch zu reden von den verschiedenen Formen des religiösen, politischen und rassischen Antisemitismus des 19. Jahrhunderts. Es wäre zu sprechen über den Zionismus in seinen verschiedensten Formen als Befreiungsbewegung des jüdischen Volkes. Dies aber würde meine Skizze bei Weitem überschreiten. Ich möchte vielmehr noch einmal zum Beginn des Zeitalters der Emanzipation zurückkehren.

An der Gestalt von Moses Mendelssohn und seiner Familie ist die ganze Dialektik und Tragik der jüdischen Emanzipation ablesbar. Robert Raphael Geis hat unter dem Aspekt jüdischer Identität die Geschichte der Familie Mendelssohn in ihrer tragischen Dimension beschrieben.[14]

1743 kommt Moses Mendelssohn als 14jähriger armer Junge aus Dessau nach Berlin. Er ist mit allen jüdischen Kenntnissen ausgestattet. Aber schon 7 Jahre später hat er sich ein erstaunliches Wissen über die abendländische Geschichte und Philosophie angeeignet. 1754 lernt er Lessing kennen. Es beginnt von diesem Zeitpunkt an eine innige Freundschaft zu ihm. Lessing gibt 1755 ohne Wissen von Moses Mendelssohn dessen „Philosophische Gespräche" heraus. Mendelssohn wird nun immer bedeutender und bekannter als Literaturkritiker. Herder hat einmal über ihn gesagt, er sei: „Der philosophische Schriftsteller, der die Weltweisheit mit der Schönheit des Stils vermählt". Im Jahre 1767 erscheint sein Werk Phädon, ein philosophisches Werk, das einen ungeheuren Erfolg gehabt hat. Die Auseinandersetzungen mit Lavater zwingen Mendelssohn dazu, sich verstärkt mit seinem Judentum auseinanderzusetzen und es zu verteidigen. So gibt es nach 1770 mehrere Darstellungen über das Judentum. Neben einer umfassenden Gutachtertätigkeit in jüdischen Fragen übersetzt Mendelssohn die Thora und die Psalmen ins Deutsche, und 1783 erscheint sein Werk „Jerusalem – oder Religiöse Macht und Judentum". So steht Moses Mendelssohn für eine einzigartige Synthese von jüdischer Tradition und Besonderheit einerseits und einer großen Weltoffenheit andererseits, noch bevor die eigentliche Judenemanzipation überhaupt begonnen hat. Will man die Bedeutung dieses großen Juden für die Befreiung der Juden insgesamt ermessen, so darf man nicht bei ihm selbst stehenbleiben, sondern kann an der Geschichte seiner Familie die Tragik in der Dialektik von Befreiung und Traditionsverlust ermessen. Robert Raphael Geis sagt:

> *„. . . dennoch sind alle Bedenken am Platz, um diese seine persönliche Lösung der geistigen Judennot für kommende Generationen als nicht tragbar zu bezeichnen. Seine Übersetzung biblischer Bücher, sein Kommentar zur Bibel sind aus dem Wunsch entstanden, seine Kinder jüdisch zu erziehen. Es ist ihm nicht geglückt, und er wußte es. So ist allein schon der Lebensweg seiner eigenen Kinder Beweis für die Gefährdung des Judeseins in einer neuen Zeit, wenn auch Leben und Wirken Moses Mendelssohns davon nichts aufzuzeigen scheinen."* [15]

Dorothea, die Tochter Moses Mendelssohns wird 1764 geboren und von ihrem Vater nach alter Tradition mit Simon Veit verheiratet. Aber diese Ehe wird nach 13 Jahren aufgelöst, weil Dorothea sich in Friedrich Schlegel verliebt hat und ihm nun als Frau und Schriftstellerin zur Seite stehen will. Dorothea wird 1804 Protestantin und tritt 1808 gemeinsam mit Schlegel zur katholischen Kirche über. Ihre Hinwendung zum Christentum bedeutet nicht nur ein für allemal eine Abwendung vom Judentum, sondern auch von der Aufklärung.

1830 kommt der 21jährige Felix Mendelssohn-Bartholdy nach Weimar zu Goethe. Schon den 12jährigen Felix hatte Goethe sehr hoch gelobt und geschätzt und ihn einmal als seinen David bezeichnet, der die bösen Träume bannen sollte, falls er – Goethe – krank und traurig werde. Aber der Enkel des großen Philosophen Moses Mendelssohn ist getauft. Für ihn spielt die jüdische Vergangenheit keine Rolle mehr. Daß er Jude ist, hat für ihn keine Bedeutung, keine Wirklichkeit, keine Erinnerung mehr. So entspricht dem gesteigerten deutschen Gefühl einerseits der Verlust auf die Besinnung der jüdischen Tradition und den jüdischen Ursprung andererseits. Geis zieht ein bedeutsames Fazit:

> *„1743 kommt Moses Mendelssohn nach Berlin, 1847 stirbt der Enkel Felix Mendelssohn. Was liegt nicht alles in diesen 100 Jahren. Juden, die gerade ihr verachtetes Dasein aufgeben dürfen, werden in Philosophie, Literatur, Musik führend, aber parallel zu dieser geistigen Entwicklung in Sturmschritten geht ihre Entfremdung vom Judentum und ihr eiliger Abfall.“*[15]

Und Geis fährt fort:

> *„. . . die Stärke der Aneignung europäischer Kultur und nicht minder das ungestüme Sich-Losreißen von dem, was den Vätern und Großvätern das Leben, das ganze Leben war, läßt uns noch einmal den ungeheuren Druck, die fürchterliche Pein erkennen, unter der Juden während des allzulangen Mittelalters leiden mußten. Der Jude hatte zu lange Schweres ertragen müssen, um nicht Kopf und Herz zu verlieren, als für ihn endlich das Wort „Freiheit“ aufleuchtete. Die neue Zeit voller Hoffnungen fordert unblutige Opfer, wie vergangene Zeiten blutige vom Juden gefordert haben. Die nachmendelssohnsche Zeit hat Abfall und Rückkehr dicht aneinandergerückt. Die einen sind aus dem Zentrum des Jüdischen geflohen, andere haben sich auf den Weg gemacht von der Peripherie zum Zentrum des jüdischen Seins. Aus Negativem zu Positivem wiederzukommen, das Lebendige und Verheißungsvolle zu pflegen, die Gefährdung aufzunehmen und sie jüdisch zu gestalten, das erschien einer späteren jüdischen Generation als das Erbe, dem die Mendelssohns nicht gewachsen sein konnten. Wehmütig mag das stimmen, daß dieser Entwicklung durch das Jahr 1933 ein gewaltsames Ende entgegengesetzt, der sich anbahnenden Symbiose des Deutschen und Jüdischen die Zeit der Reife nicht gewährt wurde.“*[16]

An dieser Stelle möchte ich auf ein Symposion hinweisen, das vom Institut für deutsche Geschichte an der Universität Tel Aviv zu Beginn des Jahres 1980 durchgeführt wurde und über das auch die Frankfurter Rundschau berichtet hat.[17] Ausgangspunkt für das Symposion waren folgende Fragen:

– Warum konnte sich die Emanzipation der Juden in Deutschland, so wie

sie von Lessing und Mendelssohn vertreten wurde, nicht durchsetzen?
- Wo hat der typisch deutsche Antisemitismus, der schließlich zum brutalsten Mord am jüdischen Volk in seiner Geschichte führte, seine Wurzeln?

Die Ergebnisse dieses Symposions, in dem deutsche und israelische Wissenschaftler miteinander diskutierten, lassen sich folgendermaßen zusammenfassen:

1. Lessings Lustspiel „Die Juden" (1754), sowie auch der „Nathan" (1779) haben beim zeitgenössischen Publikum nur wenig Resonanz gefunden.
2. Es besteht ein ursächlicher Zusammenhang zwischen der bürgerlichen Befreiung von der Feudalherrschaft und der Judenemanzipation. In Deutschland konnte die Gleichstellung der Juden nicht in das Bewußtsein größerer Bevölkerungskreise eindringen, weil das Anliegen einer Gleichstellung der Juden nur von einer aufgeklärten Gelehrtenrepublik begrüßt worden ist, wie auch die Gleichstellung der Juden per Dekret des aufgeklärten Herrschers verordnet wurde.
3. Ein Geschichtswissenschaftler faßte diese Sicht so zuspitzend zusammen: *„Was vom Volk nicht selbst erkämpft wird, das gleitet von ihm ab. In den Ländern, in denen es demokratische Revolutionen gegeben hat (Niederlande 1581; England (1681); Vereinigte Staaten (1776); Frankreich (1789) – in diesen Ländern haben sich auch die Juden mitemanzipiert. Daß es dort zu keinem Holocaust gekommen ist, ist daher nicht zufällig, sondern auf die erwähnten geschichtlichen Tatsachen zurückzuführen."* [17]

Auch Martin Buber hat in einer Frankfurter Lehrhausrede aus dem Jahr 1934 unter dem Titel „Der Jude in der Welt" zur Problematik der Emanzipation Stellung genommen. Ausgehend von einem Wort des französischen Kultusministers Portalis in einem von Napoleon angeforderten Bericht über die Juden im Jahr 1802, wo es heißt: „Die Regierung konnte nicht umhin, die Ewigkeit dieses Volkes zu betrachten, das durch alle Umwälzungen und alles Mißgeschick der Jahrhunderte sich in unsere Zeit hinüber gerettet hat, da es . . . den Vorzug genießt, Gott selber zum Gesetzgeber zu haben." . . . Buber schließt hier folgende Überlegungen an:

„Hier hätte sich eine rechtmäßige Erkenntnis anschließen können. Doch hat keines der Völker die ungeheure Wahrheit aufgenommen, die jüdische Gemeinschaft als diese einmalige Gemeinschaft freizumachen und zu rezipieren, und kein Jude hat daran gedacht, dieser Ahnungslosigkeit

der Völker sein Urwissen als Forderung entgegenzusetzen. Auf Bestellung zerfiel das Judentum in die Atome, deren Lieferung verlangt war. Der Einreihungsdrang wurde zum Krampf. Israel wurde durch Konfessionalisierung entwirklicht. Der in der Gegenwirkung dazu in unserem Zeitalter erfolgte Wiederherstellungsversuch durch Nationalisierung hat das Eigentliche verfehlt: Die Einzigkeit blieb preisgegeben." [18]

Ich möchte mit den Stimmen von zwei Zeugen die jüdische Glaubensgeschichte abschließen. Von dem großen jüdischen Rabbiner, Theologen und Seelsorger des deutschen Judentums während des Untergangs und auch in den Jahren danach, Leo Baeck, gibt es ein bekanntes Gebet, das am Versöhnungstag (Kol nidre) des Jahres 1935 in den Synagogen Deutschlands verlesen wurde:

„In dieser Stunde steht ganz Israel vor seinem Gott, dem richtenden und vergebenden. Vor ihm wollen wir allesamt unseren Weg prüfen, prüfen, was wir getan und unterlassen haben, prüfen, wohin wir gegangen und wovon wir fern geblieben sind. Wo immer wir gefehlt haben, wollen wir offen bekennen: ‚Wir haben gesündigt', und wollen mit dem festen Willen zur Umkehr vor Gott beten ‚Vergib uns'. Wir stehen vor unserem Gott. Mit derselben Kraft, mit der wir unsere Sünden bekannt, die Sünden des Einzelnen und der Gemeinschaft, sprechen wir es mit dem Gefühl des Abscheus aus, daß wir die Lüge, die sich gegen uns wendet, die Verleugnung, die sich gegen uns wendet, die Verleumdung, die sich gegen unsere Religion und ihre Zeugnisse kehrt, tief unter unseren Füßen sehen. Wir bekennen uns zu unserem Glauben und zu unserer Zukunft.

- *Wer hat der Welt das Geheimnis des Ewigen, des einen Gottes gekündet?*
- *Wer hat der Welt den Sinn für die Reinheit der Lebensführung, für die Reinheit der Familie geoffenbart?*
- *Wer hat der Welt die Achtung vor dem Menschen, dem Ebenbild Gottes gegeben?*
- *Wer hat der Welt das Gebot der Gerechtigkeit, der sozialen Gedanken gewiesen?*

Der Geist der Propheten Israels, die Offenbarung Gottes hat in dem allen gewirkt. In unserem Judentum ist es erwachsen und wächst, an diesen Tatsachen prallt jede Beschimpfung ab.

Wir stehen vor unserem Gott. In Ihm hat unsere Geschichte, hat unser Ausharren in allem Wandel, unsere Standhaftigkeit in aller Bedrängnis ihre Wahrheit und ihre Ehre. Unsere Geschichte ist eine Geschichte seelischer Größe, seelischer Würde. Sie fragen wir, wenn sich Angriff und Kränkung gegen uns kehren, wenn Not und Leid uns umdrängen. Von

Geschlecht zu Geschlecht hat Gott unsere Väter geführt. Er wird auch uns und unsere Kinder durch unsere Tage hindurchleiten. Wir stehen vor unserem Gott. Sein Gebot, das wir erfüllen, gibt uns Kraft. Ihm beugen wir uns, und wir sind aufrecht vor den Menschen. Ihm dienen wir, und wir bleiben fest in allem Wechsel des Geschehens. Demütig vertrauen wir auf Ihn, und unsere Bahn liegt deutlich vor uns, wir sehen unsere Zukunft . . . "[19]

Und schließlich ein Zitat aus einem Aufsatz des in Amerika lebenden jüdischen Schriftstellers Elie Wiesel, der als Jugendlicher selbst Auschwitz erlebt hat:

„*Als Rabbi Ishmael, einer der zehn Märtyrer des Glaubens in römischer Zeit, zur Hinrichtung geführt wurde, hörte man die himmlische Stimme rufen: ‚Ishmael, Ishmael, falls du eine einzige Träne vergießen solltest, werde ich das ganze Universum in das Chaos zurückwerfen.' Und der Midrasch berichtet, Rabbi Ishmael sei ein Gentleman gewesen. Er weinte nicht. Lange Zeit konnte ich dies nicht verstehen. Warum hat er nicht geweint? Zur Hölle damit! Wenn dieser Preis zu zahlen war – was hatte er davon? Wer will eine solche Welt? Wer will in ihr leben? Aber es gibt Gründe, warum der Rabbi nicht weinte. Einmal: er war ein Märtyrer. Außerdem, er war gehorsam. Und drittens: er wollte uns allen eine Lektion erteilen über den Juden. Ja! Ich könnte die Welt vernichten. Und die Welt verdient es, vernichtet zu werden. Aber Jude sein heißt, jeden erdenkbaren Grund haben, die Welt zu vernichten, und sie dann doch nicht zu vernichten. Jude sein heißt, jeden erdenkbaren Grund haben, die Deutschen zu hassen, und sie dann doch nicht zu hassen. Jude sein heißt, tausend Gründe haben, den Kirchen zu mißtrauen, und sie dann doch nicht hassen. Jude sein heißt, jeden erdenkbaren Grund haben, nicht an die Sprache, nicht an den Gesang, nicht an das Gebet und nicht an Gott zu glauben, und doch fortzufahren, jede Geschichte zu erzählen, jeden Dialog weiterzuführen und seine eigenen stillen Gebete zu haben und seinen eigenen stillen Kampf mit seinem Gott.* "[20]

Wollte ich nun zusammenfassend sagen, was uns, den Nichtjuden die jüdische Geschichte lehrt, so können wir mit Hans Jochen Gamm folgendes konstatieren:

„*1. Von den drei großen Religionen hat nur das Judentum in einer zweitausendjährigen Geschichte von Vertreibungen, Demütigungen und Leiden einen Beweis von Beharrlichkeit und Treue gegenüber dem Gott der Väter geboten, demgegenüber die sog. christliche Märtyrerzeit, also die Spanne, bevor im Römischen Reich das Christentum zunächst erlaubter*

Kult, wenig später Staatsreligion wurde, fast zu einem Nichts zusammenschmilzt . . .
2. Jüdisches Dasein der letzten 2000 Jahre . . . vermittelt die Lehre, daß Glaube und gesellschaftlich verantwortbares Handeln, also Religion und Sozialismus, eine Synthese einzugehen in der Lage sind, weil durch Thora und Talmud die Pflichten vor Gott und den Menschen zusammenfallen. Dies bildet die mächtigste Triebkraft zur jüdischen Identität. Wie diese Identität sich durchgehalten hat, kann zur Lektion derer werden, die bisher unversehrt blieben.
3. Das Judentum lehrt durch sein Dasein, daß Religion sich bis in die alltäglichen Verrichtungen verästeln, transzendente Erfahrungen inmitten von gewöhnlicher Wirklichkeit vermitteln kann. Dazu ist der jüdische Kultus fundamental angelegt . . . so ist der jüdische Kultus eine menschenfreundliche Einrichtung, der auf den Bund zurückverweist und sogleich an künftiger Heilszeit, an messianischer Erwartung festhält. Mit der jüdischen Eschatologie ist das Prinzip der Hoffnung aufgestellt, das auch das Richtmaß für eine unbefriedigende Weltstunde hergibt. Wenn Martin Buber einem gewaltfreien Sozialismus in seinen Reden und Schriften immer wieder Ausdruck gegeben hat, so ist damit auch das Thema der Zukunft angeschlagen, wie Glaube und sozialer Prozeß zusammengeführt, wie Friede vorbereitet werden kann. Das Judentum hat durch seine Existenz bezeugt, daß die Verheißungen nicht aufgehoben sind, sondern angesichts der geschichtlichen Erfahrungen nur dringlicher auf gestaltete Gegenwart und zu bewältigende Zukunft verweisen.
4. Das Volk Israel und das Judentum werden vermutlich überdauern, wenn die beiden jetzigen Machtzentren USA und UDSSR längst von ihrem Zenit abgesunken sind. Israel hat die Weltmächte der Antike, des Mittelalters und der Neuzeit und schließlich den größten Massenmord der Geschichte überlebt, seiner Identität nunmehr gewisser als zuvor. Es ist ein kleines Volk, aber die historische Dialektik kam ihm schließlich zugute.“ [21]

Anmerkungen

[1] Es handelt sich hier um die gekürzte Fassung eines Vortrags innerhalb der Woche der Brüderlichkeit bei einer Veranstaltung der Gesellschaft für Christlich-Jüdische Zusammenarbeit in Kassel am 10.3.1980.

[2] Gedenkrede für die jüdischen Opfer des Nationalsozialismus in Kassel (1950) in: Gottes Minorität, a.a.O. S. 158ff.

[3] in: Eugen Kogon, Johann Baptist Metz u.a., Gott nach Auschwitz. Dimensionen des Massenmords am jüdischen Volk, Freiburg 1979, S. 21ff.

[4] Die bundesdeutsche Presse hat im Februar dieses Jahres ausführlich über die Urteilsbegründung im Lischkaprozeß berichtet.

[5] vgl.: Friedrich-Wilhelm Marquardt, Albert Friedländer, Das Schweigen der Christen und die Menschlichkeit Gottes. Gläubige Existenz nach Auschwitz, München 1980, S. 11

[6] a.a.O. S. 22

[7] vgl. Hans Joachim Schoeps (Hrsg.): Jüdische Geisteswelt. Zeugnisse aus zwei Jahrtausenden, Darmstadt/Genf 1953, S. 142ff.

[8] zitiert nach: Wegweisung. Jüdische und christliche Bibelarbeiten und Vorträge, 17. Deutscher Evangelischer Kirchentag Berlin 1977. Veröffentlichungen aus dem Institut Kirche und Judentum bei der Kirchlichen Hochschule Berlin, Nr. 8, Berlin 1978, S. 28f.

[9] in: Gottes Minorität, S. 110f.

[10] nach Hans-Jochen Gamm, Das Judentum. Eine Einführung, S. 88ff.

[11] zitiert nach: Fulbert Steffensky, Maschinen haben keine Träume, in: Deutsches Allgemeines Sonntagsblatt Nr. 7, 1979, S. 14

[12] vgl. Robert Raphael Geis, Von Deutschlands Juden, in: Gottes Minorität, S. 114f.

[13] vgl. hierzu: Die Juden in Deutschland. Sonderdruck Rheinischer Merkur aus den Ausgaben 48-50 vom 1. bis 15.12.1978.

[14] Die Familie Mendelssohn. Zur Geschichte der Judenemanzipation in Deutschland, in: Gottes Minorität, S. 121ff.

[15] a.a.O. S. 122

[16] a.a.O. S. 126

[17] Frankfurter Rundschau vom 15.1.1980

[18] in: Der Jude und sein Judentum, Köln 1963, S. 219f.

[19] zitiert nach Ernst Simon, Aufbau im Untergang. Jüdische Erwachsenenbildung im nationalsozialistischen Deutschland als geistiger Widerstand, Tübingen 1959, S. 39f.

[20] zitiert nach Robert McAfee Brown, Die Massenvernichtung als theologisches Problem, in: Eugen Kogon u.a., Gott nach Auschwitz, a.a.O. S. 116f.

[21] vgl. Hans-Jochen Gamm, Das Judentum, a.a.O. S. 138f.

Christliche Theologie nach dem Holocaust

Gerhard Weßler

Das Wort „Holocaust" hat in unserem Land erst eine kurze Geschichte. Es ist verwunderlich, daß es praktisch nach höchstens zweijähriger Laufzeit schon den Bekanntheitsgrad erreicht hat, daß es von den Massenmedien ohne Erläuterung benutzt werden kann. Das ist natürlich auf die außergewöhnliche Wirkung der Filmserie Anfang 1979 zurückzuführen. In den USA kennt man den Begriff schon sehr viel länger. Der Kirchentag in Nürnberg im Sommer des gleichen Jahres hat den Besuchern diesen Begriff auch stark ins Bewußtsein gebracht. Viele gute Vorträge und Gottesdienste dazu bot das Programm. Es lohnt sich sehr, sich nachträglich weiter mit dem Material zu beschäftigen.

Das fremde Wort stammt aus dem Griechischen. Es ist zu finden in der griechischen Übersetzung der Hebräischen Bibel (oder Altes Testament) der sog. LXX (Septuaginta); es bedeutet „Ganz-Opfer, Brandopfer" (3. Mose 1,3)
Auch im Neuen Testament begegnet es uns in der gleichen Bedeutung: Mk 12,33 Hebr. 10, 6+8. Die Alte Kirche wendete es schon im übertragenen Sinne auf Märtyrer-Verbrennungen an, wie z. B. bei Polykarp von Smyrna. Im Opferkult des alten Israel zur Zeit des Tempels in Jerusalem wurde im Holocaust nicht nur das Tier geschlachtet und teilweise verbrannt, sondern vollständig dem Feuer übergeben. Unter den verschiedenen Opferarten – Mahlopfer (Gemeinschaftssymbol), Teilopfer (Danksymbol), Gabeopfer (Danksymbol), Brandopfer (Sühnesymbol) – hatte dieses Ganz- oder Brandopfer den Sinn der Sühne und der Reinigung des Verhältnisses zu Gott, das durch Schuld belastet war.

Der jüdische Schriftsteller und Erzähler Elie Wiesel, der selbst als Knabe nach Auschwitz transportiert wurde und einer der wenigen Überlebenden ist, lebt heute in den USA. Er wandte diesen Begriff erstmalig auf den Massenmord an den Juden im III. Reich in seiner Erzählung „Nacht" an. Seitdem hat man sich in Amerika daran gewöhnt, so daß die vierteilige Filmserie ohne weiteres diesen Namen übernehmen konnte.
Das Wort enthält also einen sehr spezifischen Bedeutungsgehalt, der aus der Gottesbeziehung Israels stammt. Es dürfte daher zweifelhaft sein, ob es übertragbar ist auf andere Völker und Vorgänge, wie es etwa der ‚Spiegel' mit seiner Titelzeile „Holocaust in Kambodscha" tat.

Das Wort enthält eine Deutung für den Massenmord an den Juden und wird deshalb von namhaften Juden in Amerika strikt abgelehnt. Deutung heißt Sinngebung, und Sinngebung heißt Rechtfertigung, und im Blick auf Massenmord gibt es nichts zu rechtfertigen – das ist, kurz gesagt, die Kritik an diesem Begriff. Deshalb treten diese Kritiker dafür ein, weiterhin von „Massenmord" zu sprechen, damit auch nicht etwa die Bezeichnung der Nazis „Endlösung" zu Ehren kommt. Hier in Deutschland hatte sich schon länger die abkürzende Ausdrucksweise „Auschwitz" als pars pro toto eingebürgert.

Wenn wir heute nach der Möglichkeit einer christlichen Theologie nach dem Holocaust fragen, dann hilft uns dieser Begriff, zu unserem Thema zu kommen; denn nach der Gottesbeziehung, nach dem Glauben der Christen ist gefragt im Rückblick auf – und nach den Erfahrungen mit Auschwitz. Es wird dabei unterstellt, daß es für die christliche Theologie und Kirche aus dem Holocaust etwas zu lernen gibt, was Theologie und Kirche verändern könnte.

I. Warum stellt gerade Auschwitz eine besondere Herausforderung an christliche Theologie dar?

Wir sprechen speziell über die Judenverfolgung in unserem Land, die als „Endlösung der Judenfrage" von Hitler und seinen Helfern Himmler, Eichmann und der SS durchgeführt wurde. Millionen von Menschen jüdischer Abstammung jeden Alters, Männer, Frauen und Kinder wurden vom Staat ermordet, nur weil sie Juden waren.

Die NS-Judenpolitik verlief in vier Etappen:
– zuerst beschränkte man sich auf haßerfüllte Kritik an den Juden und auf Judenhetze in der Öffentlichkeit;
– dann ging man mit einem Netz von Gesetzen gegen die Juden vor; gleichzeitig brauchte man schon die ersten Konzentrationslager auf deutschem Boden (Dachau und Oranienburg 1933), um die Gesetzesbrecher und alle die, die man in sog. „Schutzhaft" nahm, zu sammeln;
– ab 1938 ging man zu offener Gewalt gegen die Juden vor. Die Reichspogromnacht oder auch verharmlosend „Kristallnacht" vom 9. November (bis 11. November) brachte die Brandstiftungen der SA in sämtlichen Synagogen des Deutschen Reiches und die anschließende Zertrümmerung zahlreicher Geschäfte und Wohnungen von Juden sowie bis zu 40.000 Verhaftungen.

– ab 1941 lief nach der Wannseekonferenz die „Endlösung“ an, d.h. die Massendeportation der Juden aus ganz Europa nach Auschwitz und anderen KZs in Polen zur systematischen Ermordung durch Vergasung und Verbrennung. In einigen Lagern wurde aus den Leichen Seife hergestellt.
Die Ermordung geschah also über Jahre hinweg, fabrikmäßig, wie wir wissen, und ließ an ihren Begleitumständen eine Planmäßigkeit erkennen, die jenseits aller Affekte liegt und die eine generalstabsmäßige Organisation voraussetzt, in der Tausende von Mitarbeitern ihren bezahlten Arbeitsplatz fanden und ausfüllten.

Es ist offenbar nötig, daß wir uns das immer wieder so genau vor Augen stellen, weil das Unterscheidungsvermögen vor diesem Geschehen versagt. Ich lese beispielsweise in einem Brief, der mich kürzlich erreichte:

> *„Was den Juden angetan wurde, war arg, arg und nocheinmal arg; aber solche Dinge geschehen leider oftmals in dieser Welt. Das Alte Testament ist voll davon von den Juden untereinander und von anderen Völkern den Juden gegenüber und solche Dinge geschehen leider laufend – im Großen wie im Kleinen, in meiner Familie bin ich selber zweimal Betroffener 1919 und 1968; Mord und Verkehrstod!“*

Ein anderer Briefschreiber vergleicht das Geschehen mit den Greueltaten der christlichen Glaubenskriege des 17. Jahrhunderts – gemeint ist der 30-jährige Krieg und die Zeit Paul Gerhardts – und er weist hin auf die Hexenverbrennungen des christlichen Mittelalters.
Wieder andere stellen Vergleiche zu den übrigen Opfern des Nazi-Terrors an: den Zigeunern, Polen, Russen, den psychisch und geistig Kranken, die der sog. „Euthanasie“ zum Opfer fielen. Schließlich ist auch weitverbreitet, alle politischen Katastrophen der jüngsten Zeit in Erinnerung zu bringen und den Völkermord in Kambodscha einen Holocaust zu nennen, in den vietnamesischen Boat-People die „Juden unserer Zeit“ zu erkennen, die Schwarzen in Südafrika, die Verfolgten in Chile und die Verschwundenen in Argentinien mit den Juden von damals zu vergleichen. Sogar die Gastarbeiter in unserem Land werden gelegentlich mit den Juden verglichen, um ihr Ghettodasein in unserer Gesellschaft zu brandmarken.

Wir haben allen Grund, uns sehr aufmerksam und sensibel aller Leidenden in unserer Zeit und Geschichte und besonders in unserem Land zu erinnern. Kein einziger von ihnen hätte es verdient, pauschal auf der Verlustseite der „ach so bösen Geschichte dieser Welt“ abgebucht zu werden. Jede dieser Gruppen von Opfern hat Anspruch darauf, ihren besonderen Fall, die Hintergründe und Zusammenhänge, die Verantwortlichkeiten und Bedenkenlosigkeiten aufgerollt zu bekommen, die zu den Ursachen ihres besonderen Leides zu zählen sind.

Die Juden hätten gewiß am wenigsten dagegen einzuwenden, wenn ihr eigener Leidensweg zu erhöhter Aufmerksamkeit auf die Ursachen der Leidenswege von Menschen überhaupt führte. An allgemeiner Erkenntnis über die tödliche Wirkung von Vorurteilen, Ideologien, Chauvinismus, Militarismus und antidemokratischen Verhältnissen läßt sich aus dem Leidensweg der Juden viel erheben.

Aber der Grund, warum gerade die Judenverfolgung im Dritten Reich für *Christen* heute so wichtig wird, ist noch ein anderer Punkt. Das Christentum, ja der christliche Glaube selbst ist von seinen Anfängen an mit Elementen des Antijudaismus durchzogen und begleitet. Das gleiche läßt sich nicht sagen von Hexenwahn, Haß auf Zigeuner, Polen, Russen oder andere Rassen. Deshalb haben wir im Blick auf die Juden eine besondere Verantwortung aufzuarbeiten, die mehr mit uns selbst zu tun hat als mit den Juden.

Aber eine Hierarchie der Leidenden darf dadurch nicht auch nur ansatzweise entstehen und hingenommen werden. Ein solches Denken würde unbewußt der Unmenschlichkeit des SS-Staates recht geben, in dessen Menschenbild die Wertunterschiede – und demzufolge auch in dessen KZs – die Hierarchie der Häftlinge eine große Rolle spielen: Die Kriminellen waren die Privilegierten, es folgten die Politischen, die westlichen Ausländer, die Zigeuner, Russen und Polen und andere Osteuropäer und nach langem Abstand als die absolut Letzten: die Juden. Diese Wertunterschiede haben kein Recht – ob von vorn oder von hinten gelesen!

Aus der Sicht der Leidenden aller Zeiten gibt es keinen Unterschied der Opfer. Ich kann auch Jesus am Kreuz auf Golgatha sich nicht erheben sehen über die Vergasten, Verbrannten, Verhungerten und über den erhängten Knaben am Galgen in Auschwitz, der wegen seines leichten Kinderkörpers so schwer sterben konnte. (Elie Wiesel, der aus der dortigen Hölle entkommene Zeuge, beschreibt diese Szene auf dem Appellplatz des Lagers als einer der zum Zuschauen kommandierten Häftlinge leise fragt „Wo ist Gott? Ich hörte eine Stimme in mir die antwortete: Wo ist er? Hier ist er. Er hängt an diesem Galgen.“) Auch Jesus ist hier der Bruder unter den Brüdern, so wie sich für die Juden im Leiden auch schon die für die Endzeit verheißene Ökumene mit allen Völkern der Erde verwirklicht ohne Unterschied und Vorrangstellung.

Aber wo stehen wir bei diesem Überblick über die Leidenden der Welt? – Können wir uns die Sicht der Opfer zu eigen machen und auf die Klärung der besonderen Umstände und Hintergründe der Leidenswege verzichten? Dürfen wir aus unserer Position sogleich mit einem allgemeinen Begriff „des Bösen" tiefsinnig nach der Gerechtigkeit des Gottes der Liebe fragen? Die Theodizee-Frage, die uns in diesem Zusammenhang immer sogleich interessiert, ist die Frage des distanzierten Beobachters des Weltlaufs. Sie stellt sich dem reflexiven Denken beim Anblick fremden Leids. Ist das unser Standort angesichts von Auschwitz? Vielleicht ja! Aber dann ist das Einnehmen dieses Standpunkts selbst ein ethisches Problem, über das wir Rechenschaft ablegen müßten. –

Die Theodizee-Frage „Wie konnte Gott das zulassen?" ist immer gleichzeitig auch der Versuch einer Kosmodizee, d. h. einer Rechtfertigung der vorhandenen Zustände der Welt. Die Frage strebt ja die Denkmöglichkeit an, das sich ein mit Gott zu vereinbarender Sinn in dem Übel finden läßt. Kann das unsere Sorge sein: eine Sinnrechtfertigung von Auschwitz? Die Theodizee-Frage ist – so fromm sie auch klingen mag – nicht mit dem Gott der Bibel zu klären. Das läßt sich an den Freunden Hiobs erkennen. Sie ist eine philosophische Frage, keine biblische. Die Bibel fragt nach der menschlichen Verantwortung, nicht aber nach der weltanschaulichen Logik. Es kann dabei nicht um Affirmation gehen, sondern um Appell. An den Beispielen in Luk. 13,1 ff wird deutlich, daß Jesus die Spekulation über die abstrakte Gerechtigkeit Gottes umlenkt auf die Frage nach dem eigenen Leben. Auf die letzte WARUM-Frage gibt es in Auschwitz keine Antwort für uns – es darf sie auch nicht geben.
Wohl aber stellt sich die Frage des WOZU? D. h. welche Konsequenzen müssen nach Auschwitz gezogen werden? Und dazu ist es zentral wichtig, daß wir uns über unseren Standort dem Problem gegenüber klar werden.

II. Der christliche Antijudaismus

> *„Wo nehmen wir Christen den Mut her, angesichts der unendlichen . . . Leiden in dieser Welt, vom Gott der Liebe zu reden?"*

So fragen Christen oft auch heute noch im Rückblick auf die den Juden zugefügten Leiden.
Im Verhältnis zwischen Juden und Christen ist es der glühende Haß und die ideologische Verblendung der Christen gewesen, die diese unendlichen Leiden den Juden zugefügt haben. Es bedurfte auf Seiten der Christen

keines besonderen Mutes, unendliches menschliches Leiden mit dem Gott der Liebe zu verbinden. Als die Inhaber der Macht der Mehrheit verstanden sie ihren Haß gegen die Juden als Strafgericht Gottes über sein abgefallenes Volk. Im Hintergrund der Verfolgung stand also eine christliche Theodizee. „Taufe oder Tod!“ war der Schrei der Kreuzfahrer. Und als die Juden ihrem Glauben treu blieben, wurden sie kurzerhand „im Namen Jesu Christi“ mit Kreuzschwertern niedergemacht. Ob nun mit Worten, Verfluchungen, Dekreten, Gesetzen, Vetreibung, Ghettoisierung, Beraubung, Verbrennung, körperlicher Gewaltanwendung verschiedenster Art – dies ist der Charakter der christlich-jüdischen Beziehungen seit fast zwei Jahrtausenden gewesen.

> *„Der nazistische Massenmord war das Werk gottloser Verbrecher,“ schreibt Hans Küng, „aber: ohne die fast 2.000jährige Vorgeschichte des christlichen Antijudaismus . . . wäre er unmöglich gewesen . . .*
> *Keine der antijüdischen Maßnahmen des Nazismus – Kennzeichnung durch besondere Kleidung, Ausschluß von Berufen, Mischeheverbot, Plünderungen, Vertreibungen, Konzentrationslager, Hinmetzelungen, Verbrennungen – war neu. Dies alles gab es schon im christlichen Mittelalter.“* [1]

Angefangen bei dem Kirchenvater Johannes Chrysostomos (387) über Martin Luther (1543) zu dem großen Berliner Hofprediger Adolf Stoecker (1879) bis hin zu Lutherischen Bischofskonferenzen in den dreißiger Jahren zieht sich diese Linie: Das Leid, das den Juden zugefügt wird, ja ihr Tod, ist Gott wohlgefällig; „denn Gott haßt sie!“

Im Zentrum des christlichen Glaubens, so müssen wir heute betroffen erkennen, muß ein fundamentaler Fehler liegen! Wenn sich der Antijudaismus in all den Jahrhunderten nicht nur nicht ausmerzen ließ, sondern im Gegenteil als Bestandteil christlichen Gottes- und Selbstverständnisses empfunden wurde, dann hat es Auschwitz an den Tag gebracht, daß ein solches Christentum unglaubwürdig ist und zu Unrecht den Gedanken vom „Gott der Liebe“ in den Mund nimmt. Irvin Greenberg, ein rabbinischer Gelehrter in New York, sagt:

> *„Im Licht des Holocaust stirbt das klassische Christentum, um zu neuem Leben wiedergeboren zu werden; andernfalls wird es ungerührt fortleben, aber nur, um vor Gott und vor den Menschen zu sterben.“* [2]

III. Neue Ansätze

Damit ergeben sich vielfältige Aufgaben, die nicht auf abstrakte Weise erledigt werden können und die vor allem nicht allein von Christen zu bewältigen sind. Eine neue, bisher ohne Vorbild in der beiderseitigen Geschichte zu findende jüdisch-christliche Gemeinsamkeit ist dazu erforderlich, eine Gemeinsamkeit im Hören auf den Anderen, im Lesen der Bibel und im Fragen nach Gott.

Nicht im Lande der Ereignisse, sondern in den USA ist diese Arbeit schon lange in Gang gekommen. Professor Franklin H. Littell aus Philadelphia berichtete beim Nürnberger Kirchentag darüber:

> *„Vor zehn Jahren wurde die erste Konferenz von Wissenschaftlern über den deutschen Kirchenkampf und den Holocaust abgehalten in der Wayne State Universität in Detroit. Damals gab es nur eine handvoll Kurse; heute sind es über 700 Kurse über den Holocaust in amerikanischen Universitäten. Damals kamen nur einige wenige Wissenschaftler aus den verschiedensten akademischen Disziplinen zusammen; gegenwärtig zieht die jährliche Konferenz der Wissenschaftler, die unter der Schirmherrschaft der Nationalen Christlich-Jüdischen Konferenz abgehalten wird, ungefähr 350 angemeldete Gäste an. Zusätzlich gibt es eine große Zahl regionaler und überregionaler Seminare, Tagungen und Konferenzen, von denen einige zur jährlich wiederkehrenden Dauereinrichtung werden . . .*
> *Die Aufmerksamkeit richtet sich jetzt mehr auf die Lehren, die aus dem Holocaust zu ziehen sind, besonders auf religiösem Gebiet und besonders für die Universitätsausbildung.*
> *Für eine wachsende Zahl von Wissenschaftlern und führenden Theologen wird der Holocaust zu einem herausragenden Ereignis und steht in einer Reihe mit dem Exodus, dem Sinai, der ersten Rückkehr aus dem Exil, der Zerstörung des zweiten Tempels. Bedeutende Rabbis und Theologen fangen an, sich mit den Konsequenzen herumzuschlagen, die sich aus dem Holocaust für den religiösen Glauben und das Dogma ergeben. Unter den Rabbis könnten wir besonders Prof. Emil Fackenheim aus Toronto nennen . . . sowie Prof. Irving Greenberg, der jetzt Direktor der vom amerikanischen Präsidenten eingesetzten Kommission über den Holocaust ist. Unter christlichen Theologen ist besonders Prof. Paul van Buren von der Temple-Universität zu nennen. Nach seinem Vortrag vom 1. November 1975 vor der amerikanischen Akademie der Religionswissenschaften hat er ein Buch veröffentlicht und wird nächstes Jahr*

den ersten Band eines vierbändigen Werkes veröffentlichen, das die Überprüfung der christlichen Lehrbasis unter dem Schatten des Holocaust zum Thema hat. Schon sein erster Vortrag in Chikago machte die schwierigsten Fragen deutlich, die sich aus der traditionellen Lehre ergeben, wie die Lehre von Jesus als dem ‚Christus' und dem Messias, die Ostergeschichte und die Beziehung von Altem und Neuem Testament.“ [3]

Wenn heute also nach einer christlichen Theologie nach dem Holocaust gefragt wird, geht es nicht etwa nur um eine moralisch-ethische Wiedergutmachung an den Juden. Es kann nicht darum gehen, von jetzt an immer ein zusätzliches Kapitel in alle Lehrbücher der Ethik zu übernehmen „Gegen die Verfolgung von Juden und Menschen anderer Rassen“. So distanziert konnte man noch bis zuletzt in den Reihen der Bekennenden Kirche und in Eingaben an die Führung des III. Reiches von Bischof Wurm reden.
Der Antijudaismus der Christen hat sich am Verständnis der Person Jesu Christi gebildet, von dieser zentralen Frage her hat er sich genährt – hier muß er überwunden werden. Es geht also um uns selbst als Christen, um unseren Glauben, um unsere Identität.

Die Weichen zu jener unheilvollen Feindschaft sind schon recht früh gestellt, so daß wir sie schon im Neuen Testament erkennen können. Die Christen in Amerika, die sich mit diesen Fragen schon über zehn Jahre beschäftigen, und einige Theologen hierzulande sind dabei, sehr neue Aspekte aufzudecken.
Hatte die historisch-kritische Erforschung des NT in der ersten Hälfte dieses Jahrhunderts bereits zu sehen gelehrt, daß die Bibel nach Sprache und Vorstellungswelt durchaus zeitgebunden und ein menschliches Buch und keineswegs vom Himmel gefallen ist, dann lehrt uns die christliche Holocaustforschung jetzt in der zweiten Hälfte dieses Jahrhunderts auch Machtverhältnisse, Konfliktfelder und Kampfesweisen zu erkennen, zu unterscheiden und zu bewerten. Ging es bei dem ersten Ansatz zu einem besseren Verständnis der Schrift um eine erkenntniskritische Frage – wie sich Menschen, die naturwissenschaftlich-technisch zu denken gelernt haben, die Botschaft der Bibel in ihrer Vorstellungswelt sagen lassen und sie auch verstehen können – so geht es bei diesem zweiten, neuen Ansatz der Holocaustforschung um die Existenzfrage der Juden und Christen. Die Wirkungsgeschichte christlicher Lehrinhalte ist durch Auschwitz in einen derart höllischen Zusammenhang geraten, daß für christliche Theologie der

Schritt von historisch-kritischer Formkritik an der Sprach- und Denkweise biblischer Texte zu dogmatischer Sachkritik an den lehrmäßigen Traditionen unvermeidlich geworden zu sein scheint.

Der Apostel Paulus muß es gespürt haben, daß es bei der Frage des Verhältnisses der Christusgläubigen zu den Gliedern des alten Gottesvolkes um das Zentrum geht, wenn er alles zu verlieren einrechnet:

> *„Ich selber möchte verflucht und von Christus geschieden sein meinen Brüdern zugute, die mein Volk Israel sind . . . " (Röm. 9,3)*

In der anschließenden Kirchengeschichte haben die Christen diese Risikobereitschaft nicht mehr übernommen, sondern sie voll ihren feindlichen Brüdern, den Juden, aufgebürdet. Wir erkennen heute drei Grundbedingungen, die uns judenfeindliche Sprach- und Denkansätze im Neuen Testament erklären:

1. Im NT hören wir überwiegend Juden über (oder sogar zu) Juden sprechen. Die Auseinandersetzung ist noch weitgehend ein innerjüdischer Konfessionsstreit, dessen Schärfe durch die Identitätsunsicherheit der Konvertiten erklärt werden kann. Man weiß sich auf dem neuen (dem christlichen) Weg so lange zutiefst in Frage gestellt, wie der alte (der jüdische) Weg nicht restlos ins Unrecht gesetzt ist. Daher der erbitterte Kampf um die zutreffende, die wahre Auslegung der Schrift. Die vielen Schriftbeweise, die immer wieder geführt werden, sind Ausdruck dieses Streits. Den Juden wird die gemeinsame Bibel geradezu aus den Händen gerissen und in christlichem Sinne gedeutet. Es geht um das existenzielle Entweder-Oder für die Konvertiten. Ablehnung der Deutung der Schrift auf Jesus Christus hin ist also gleichbedeutend für die Christen mit Ablehnung der Person Jesu selbst – und daraus wird Schuld am Tode Jesu – und dann verwandeln sich diese sogar in seine aktiven Mörder – und d. h. „Gottesmörder", wie es die Kirchenväter später nannten. So sieht die Eskalation der Auseinandersetzung aus.
Daß die Juden Jesus umgebracht hätten, ist längst als historisch unhaltbar zurückgewiesen worden. Diese Behauptung ist Bestandteil des Machtkampfes, der sich da abspielt. Bekommt man einmal einen Blick für diesen Machtkampf, verliert man die Unbefangenheit gegenüber den Aussagen des NT, die zu Lasten der Juden gehen, wie z. B. 1. Thess. 2,14 f; Mt. 8,11 f; Luk. 13,25 ff u.a.
Stellen wie diese haben in ihrer Wirkungsgeschichte den Weg der Todfeindschaft der Christen gegenüber den Juden gebahnt, an dessen Ende Auschwitz liegt.

2. Während die antijüdische Polemik der Judenchristen im NT noch aus der Position der Minderheit gegenüber der etablierten Judenschaft erwachsen ist, gerät das Judentum gegenüber dem zur Staatsmacht aufgerückten Christentum hoffnungslos in Rückstand. Die Texte aber blieben die gleichen und gelangten zu immer größerer normativer Bedeutung. Längst kämpften nicht mehr Juden unter sich um ihre Bibel, sondern Heiden, die zu Christen geworden waren, machten sich die Urteile zu eigen, die sie in den Evangelien und Briefen der Apostel über die Juden vorfanden. Wozu das führen konnte, belegt, u.a. der erwähnte Kirchenvater Johannes Chrysostomos, der seine große Redekunst voll zur Schmähung der Juden einsetzte.

„Man muß die Juden fliehen, wie eine die ganze Welt bedrohende Pest; man muß die Märtyrer nachahmen, die die Juden haßten, weil sie Christus liebten. Denn man kann das Opfer nicht lieben, ohne die Mörder zu hassen . . . wie ein gemästetes und arbeitsunfähiges Tier taugen sie (die Juden) nur noch für den Schlächter.“ [4]

Kein Wunder, daß die Tötung solcher „Christusmörder“ bald zur gottgefälligen Tat erhoben wurde; sie lebendigen Leibes zu verbrennen, wurde ein „Akt des Glaubens“, wie es in der Sprache der Inquisitoren hieß.

„Denn für die, die Hand an den Heiland legen konnten, waren natürlich Missetaten wie Brunnenvergiftung, Ritualmord, Hostienschändung, Pestverbreitung, Giftmischerei, Judasverrat und Christenverhexung eine Kleinigkeit“, schreibt Pinchas Lapide [5]

3. Die dritte Grundbedingung für die Verhärtung antijüdischer Sprach- und Denkgewohnheiten ist eine zentraltheologische: Die ausbleibende Wiederkunft Christi. Die Dehnung der Zeit wirkte sich ganz allgemein für den ursprünglich ganz und gar endzeitlich verstandenen christlichen Glauben verfestigend aus. Das läßt sich in vielerlei Hinsicht zeigen. Uns soll hier nur interessieren, das sich die Lehre über Christus dadurch ebenfalls entscheidend veränderte. Während ihm Paulus 1. Kor. 15, 20-28 im Rahmen seiner apokalyptischen Zeiterwartung noch befristete und kämpfende Funktion für die Zeit zwischen Ostern und Wiederkunft zumißt, „damit Gott sei alles in allem“ – gehen die Schüler des Paulus einen verhängnisvollen Schritt weiter: Kol. 2,9 „in Christus wohnt die ganze Fülle der Gottheit leibhaftig“; Eph. 1,23 „Christus, das Haupt der Gemeinde über alles, die Fülle dessen, der alles in allem erfüllt.“

Was bei Paulus noch kämpfende Gegenwart für den Christus ist, der vor allem den stärksten Feind, den Tod, noch vor sich und noch nicht für alle

niedergerungen hat, ist für die Paulusschüler im Epheser- und Kolosserbrief bereits erreichter Sieg. In direktem Widerspruch zu Paulus formuliert dann das II. Ökumenische Konzil 381 auch im Glaubensbekenntnis zu Jesus Christus: „... des Herrschaft kein Ende hat".
Hier liegt der Ursprung des christlichen Totalitätsanspruchs, der vielleicht im Rückgriff auf Paulus getrost wieder aufgegeben werden kann. In der Entwicklung der Christologie spiegelt sich die Situation der Kirche: dem kämpfenden Christus entspricht die noch unter dem Kreuz kämpfende und leidende Kirche des Paulus. Das Ziel stellte sich Paulus offenbar so vor (Röm. 11, 15), daß dem Zwischenspiel der Erlösung der Welt durch Christus die Annahme Israels folgen würde, so daß dann „Gott sei alles in allem" (1. Kor. 15, 28). Wenn dagegen der Rücktritt Christi unter Gott am Ende gar nicht mehr vorgesehen ist, sind die Juden auf ewig ausgeschlossen, weil sie Christus so nicht für sich anerkennen können. Die etablierte Christenheit hat dann mit der zeitlichen Macht auch die Ewigkeit für sich in Besitz genommen. Die Juden kann man vergessen.

IV. Konsequenzen

Für eine christliche Theologie und Kirche, die nach allem, was geschehen ist, wieder glaubwürdig werden will, folgen aus den angedeuteten Fehlentwicklungen u. a. diese Konsequenzen:

1. In der Auslegung des Alten Testaments, der Hebräischen Bibel, sollten sich die Christen stärker als bisher daran erinnern, daß die Heilige Schrift ihren Ursprung in der Geschichte des jüdischen Volkes hat. Sie tun daher gut daran, auch im Interesse eines besseren Verständnisses des Neuen Testaments, auf die Stimmen jüdischer Schriftauslegung zu hören. Die Auslegung des Alten Testaments auf Jesus Christus hin ist in jedem Falle ein Glaubensakt, dem jede Art von Zwang, Nötigung oder gar Gewalt fremd ist. Der Glaube ist unableitbar; daher liefert die Hebräische Bibel auch keine Argumente zur Stützung neutestamentlicher Lehraussagen. Nicht ein logischer Mechanismus von Verheißung und Erfüllung verbindet die Hebräische Bibel mit dem Neuen Testament, sondern die Freude über die Treue und Barmherzigkeit des einen Gottes, zu dem sich auch Christen aufgrund der Zusage Jesu Christi bekennen dürfen. Voreiliger Übereifer und rechthaberisches Anspruchsdenken von glücklichen „Habenden" auch im frommen Gewande darf nicht länger den christlichen Umgang mit der Hebräischen Bibel charakterisieren.

2. Das EINE Volk Gottes. Dazu zitiere ich aus einem Proponendum an die Kreissynoden in der Evangelischen Kirche im Rheinland: [6]

„Die christliche Kirche hat sich seit der Zeit der Urgemeinde als Gemeinde des „neuen" Bundes verstanden. Sie hat von sich als dem „neuen" oder „wahren" Israel gesprochen. Sie hat den in Jesus Christus geschlossenen „neuen Bund" als Überbietung, Ablösung oder sogar als Gegensatz zum „alten" Bund verstanden. Sie hat das sog. „alte" Testament als Buch übernommen, indem sich eine Verheißung niederschlägt, deren Erfüllung in Jesus Christus das Fundament ihrer Existenz als Kirche des „neuen Bundes" ist. Sie hat die Bundesgeschichte Israels zur bloßen Vorbereitungsgeschichte ihres eigenen Daseins erklärt und sah die legitime Existenz des jüdischen Volkes als Bundesvolk mit dem eigenen Eintritt in die Geschichte als beendet an. Dem Judentum gegenüber wurde ein christlicher Ausschließlichkeitsanspruch zur Geltung gebracht, der letztlich dem Judentum das Existenzrecht absprach. Die christliche Kirche sah sich als heilsgeschichtliche Institution an, die vollgültig an die Stelle des alttestamentlichen Israel getreten war und neben der für die Weiterexistenz eines Bundesvolkes mit eingeprägter Gottesbeziehung kein Raum mehr blieb (Substitutionstheorie). Gegenüber einem solchen Selbstverständnis der christlichen Kirche, das den traditionellen christlichen Antijudaismus hervorgebracht hat, ist festzuhalten:

1. *Das „Neue" im „neuen Bund" ist nicht die Preisgabe des „alten" Bundes, sondern dessen Bestätigung in der Geschichte des Jesus von Nazareth. Erster und bleibender Adressat des Evangeliums Jesu ist das Volk Israel . . .*
2. *Die in der Sendung Jesu sich bekundende Treue Gottes zu seinem Volk Israel erfährt ihre Krönung durch die Einbeziehung der Völkerwelt in die Erwählungs- und Verheißungsgeschichte Israels. Der Anteil an Israels Erwählung kann von der Völkerwelt nur festgehalten werden durch die bleibende Bindung an die Hoffnung Israels in Jesu Namen (Röm. 11,17 ff). In diesem „neuen" – Israel und die Völkerwelt umfassenden – Bundesgeschehen bekundet sich Gottes Zuwendung zu dem Menschen, seine Treue zu seinem Geschöpf (Jer. 31,31 ff; 36, 26 f; Sach. 8,7 f; 8,19 f; Röm. 5,8-10; Apg. 2,18-20; 3,15-17).*

   . . .

3. Unser Bekenntnis zu Jesus Christus ermöglicht uns, den ungekündigten Bund Gottes mit Israel, seinem „erstgeborenen Sohn" (Ex. 4,22), zu bezeugen und in einer konkreten Hinwendung zum heutigen Judentum unsere Dankbarkeit für Gottes Erbarmen mit allen Menschen (Röm. 11,32) zu erweisen. Wir dürfen nicht mehr von einem „alten" und von einem „neuen" Gottesvolk reden, sondern nur von dem einen Gottesvolk, das als das Israel Gottes dem Ruf in Gottes Zukunft folgt."

3. An der Entwicklung der Lehre über Christus haben wir zu lernen, daß die christliche Kirche in die Irre geht, wenn sie die Spannung zwischen der „schon" empfangenen Gnade und der „noch nicht" erlangten Erlösung verschiebt zu Gunsten des „schon jetzt". Eine solche triumphalistische Theologie von „Habenden" (theologia gloriae) verändert die Kirche Christi zu einer Machtkirche der Besitzenden, die, selbst leidensscheu, dem Kreuz Christi ausweichen und es anderen nur um so unbarmherziger auferlegen. Christus steht selbst in dieser Spannung des „schon jetzt" und „noch nicht", indem er auch heute noch der Bruder der Leidenden ist im Kampf gegen die Mächte der Ungerechtigkeit und Unfreiheit. In der Hoffnung auf den unendlichen Sieg und die Offenbarung Gottes stehen Christen Seite an Seite mit den Juden im Kampf um eine menschlichere Welt.

Was also gehört alles zu einer christlichen Haltung nach dem Holocaust?

1. Sorfältiger über die eigene Vergangenheit in Kirche, Volk und Staat informiert sein.
2. Die Theodizee-Frage nicht bedenkenlos von den Opfern übernehmen, sondern die eigene Verantwortung festhalten.
3. Die Verantwortung der Christen für ihre traditionelle Judenfeindschaft nicht durch unzutreffende Verallgemeinerungen und Vergleiche mit allen anderen Menschenrechtsverletzungen der Menschheitsgeschichte verharmlosen.
4. Christliche Lehrtraditionen überprüfen im Hinblick auf: Christusmörder, die Lehre von der Bedeutung Christi, die gemeinsame Schrift und die gemeinsame Hoffnung, das neue Israel und die Enterbungstheorie, das Verständnis vom Gesetz, die Beendigung der Judenmission.

Ich schließe mit einem Text [7], der von dem Juden Leo Baeck stammt und an dem wir spüren können, daß es für die Glaubwürdigkeit bestimmter Aussagen entscheidend ist, *wer* sie macht:

„Friede sei den Menschen, die bösen Willens sind und ein Ende sei gesetzt aller Rache und allem Reden von Strafe und Züchtigung . . . Aller Maßstäbe spotten die Greueltaten; sie stehen jenseits aller Grenzen menschlicher Fassungskraft, und der Blutzeugen sind gar viele . . . Darum, oh Gott, wäge nicht mit der Waage der Gerechtigkeit ihre Leiden, daß du sie ihren Henkern zurechnest und von ihnen grauenvolle Rechenschaft forderst, sondern laß es anders gelten. Schreibe vielmehr den Henkern und Angebern und Verrätern und allen schlechten Menschen zugut und rechne ihnen an all den Mut und die Seelenkraft der anderen, ihr Sichbescheiden, ihre hochgesinnte Würde, ihr stilles Mühen und das tapfere Lächeln, das die Tränen versiegen ließ, und alle Opfer, all die heiße Liebe . . . All die durchgepflügten, gequälten Herzen, die dennoch stark und immer vertrauensvoll blieben, angesichts des Todes und im Tode, ja auch die Stunden der tiefsten Schwäche . . . Alles das, oh mein Gott, soll zählen vor Dir für die Vergebung der Schuld als Lösegeld, zählen für eine Auferstehung der Gerechtigkeit – all das Gute soll zählen und nicht das Böse. Und für die Erinnerung unserer Feinde sollen wir nicht mehr ihre Opfer sein, nicht mehr ihr Alpdruck und Gespensterschreck, vielmehr ihre Hilfe, daß sie von der Raserei ablassen . . Nur das heischt man von ihnen – und daß wir, wenn nun alles vorbei ist, wieder als Menschen unter Menschen leben dürfen und wieder Friede werde auf dieser armen Erde über die Menschen guten Willens und daß Friede auch über die anderen komme."

Anmerkungen

[1] Concilium, Internationale Zeitschrift für Theologie, 1974, S. 543

[2] zit. nach E. Bethge in: „Erinnern – nicht vergessen" hrsg. M. Stöhr Zugänge zum Holocaust, Kaiser-Traktate 43 S. 153

[3] Referat von Prof. Dr. Franklin Littell, Philadelphia/USA zum Thema „Nach dem Holocaust" am 16. Juni 1979 auf dem Kirchentag in Nürnberg (Manuskript Nr. 172 des DEKT)

[4] zit. nach „Erinnern – nicht vergessen" Zugänge zum Holocaust, Hrsg. M. Stöhr, S. 18

[5] Pinchas Lapide – Ulrich Luz, „Der Jude Jesus". Thesen eines Juden – Antworten eines Christen, Benziger Vlg., 1979, S. 9

[6] Ausschuß „Christen und Juden" unveröffentlichtes Arbeitspapier vom 5.2.1979 zum Beschluß Nr. 29 der Landessynode der Evangelischen Kirche im Rheinland in Bad Neuenahr vom 15.1.1976, S. 14

[7] Leo Baeck in: „Angst – Sicherung – Geborgenheit" von Th. Bovet, Bielefeld 1975 zit. in Arbeitspapier s. Anm. 6) S. 2

Die Krise des christlichen Antijudaismus und das Neue Testament

Ekkehard Stegemann

1

Die Krise der antijüdischen Tradition des Christentums nach dem Holocaust

„Echte Tradition bleibt verborgen“ [1]. Erst in der Krise tritt sie hervor und wird in ihrer lebensbestimmenden Wirksamkeit erkannt. Ihre orientierende Kraft ist dann freilich schon gebrochen und ihr weiterer Gebrauch durch die neue Erfahrung womöglich kompromittiert. Der Betrachter der Kirchen- und Theologiegeschichte, zumal ihrer dramatischen und epochalen Wendepunkte, kann dafür zahlreiche und eindrucksvolle Beispiele finden. Zugleich würde ihm deutlich, daß es weit über die Kirchen und ihre Theologie hinausreichende, die Gesellschaft allgemein erschütternde Katastrophen und Umwälzungen sind, die den Zerfall von Tradition einleiten und beschleunigen.

Gewiß sind Theologie und Kirche in der Neuzeit nicht oft die ersten gewesen, die auf solche historischen Unterbrechungen reagierten und daraus Konsequenzen zogen. Doch waren sie insgesamt niemals völlig unsensibel dafür und haben schließlich trotz manch bitterer Rückzugsgefechte die Kraft aufgebracht, sich in der veränderten Situation neu zu orientieren. Im wesentlichen schöpften sie dabei wiederum aus Tradition. Denn es gehört zur Dialektik der Krise, daß im Zerfall der einen, ehemals lebensbestimmenden Tradition zugleich eine andere zutage tritt, die, bisher verdrängt, jetzt in ihrer kraftvollen Größe aber erkannt wird und innovatorische Funktion bekommt.

Im protestantischen Raum war es die Auslegung der Bibel, die für die allgemeine Krisenerfahrung am sensibelsten war. In ihrem Bereich wurde zugleich aber auch die Kraft zur Innovation gewonnen, die zur Überwindung der Krise notwendig ist. Das klassische Beispiel dafür ist nächst der Reformation selbst und der Aufklärung die Dialektische Theologie, die sich bekanntlich selbst als „Theologie der Krise“ verstand und auf die epochale Erschütterung Europas durch den Ersten Weltkrieg mit ihrer eschatologischen Dialektik reagierte.

Nicht zufällig nimmt sie ihren unübersehbaren Anfang mit der Auslegung des Römerbriefes durch Karl Barth, den Prediger, der seine Erfahrung zwar

im Text des Apostels wiederfand, nicht aber mehr in dessen traditioneller Auslegung oder in der herkömmlichen liberalen Theologie überhaupt. Wiederum nicht zufällig ist es, daß der Exeget im Kreis der Dialektischen Theologen, Rudolf Bultmann, es gewesen ist, der seinerseits die unüberbrückbare Kluft zwischen dem modernen und dem Selbst- und Weltverständnis des Neuen Testamentes artikulierte. Obschon er wie Barth mit der eschatologischen Krisentheorie des Paulus, vor die sich ihm allerdings mehr und mehr die verwandte, zugleich aber auch charakteristisch unterschiedene Theologie des Johannes schob, die epochale Krise der eigenen Gegenwart theologisch aufarbeitete, gelang es Bultmann nicht, den Traditionszerfall vom Verstehen des Neuen Testamentes selbst fern zu halten.
Die großartige systematisch-theologische Leistung, zu der diese Entfremdung Bultmann stimulierte, war deshalb eine elementare Besinnung auf das historische Verstehen. Ihr Ergebnis, nur mangelhaft mit den Programmstichwörtern „Entmythologisierung" und „Existentiale Interpretation" benannt, war allerdings gegenüber der intuitiven Rezeption des Paulus durch Barth im Nachteil. Die Kraft zur Innovation, die Barth nämlich aus seiner Interpretation des biblischen Textes zog, weil er ihn selbst nicht in die geschichtlichen Krisen verwickelte, konnte Bultmann aufgrund des grell beleuchteten historischen Abstands nur abgeleitet zur Wirkung bringen. Gegenwärtige Erfahrung und das historische Wahrheitsbewußtsein kritisierten nicht selten die Texte mehr, als diese umgekehrt mit ihren Alternativen zum Zuge kamen. Gleichwohl bleibt Bultmann seinerseits der Hermeneutik Barths darin überlegen, daß er historisch kompromittierte Tradition beim Namen nannte. Hier freilich traf ihn der – insgesamt ungerechtfertigte – Verdacht, vom modernen historischen Wahrheitsbewußtsein her als unwahr zu verurteilen, was mit ihm in den Texten nicht übereinstimmte.

Es ist ebenso erstaunlich wie aus vielen Umständen zu erklären, daß nach der Katastrophe des Zweiten Weltkriegs ein ähnliches allgemeines Krisenbewußtsein wie nach 1918 nicht aufkam. Es herrschten im Gegenteil fast überall restaurative Tendenzen vor. Das Motto war, den Faschismus als Unterbrechung anzusehen, um dort weiter zu machen, wo man 1933 angeblich aufgehört hatte. Gewiß, die Erfahrungen des Faschismus wurden teilweise auch aufgearbeitet. Im Bereich von Theologie und Kirche waren es zumal die Rolle der Kirche im Dritten Reich und das Erbe des Kirchenkampfes, die diskutiert wurden. Gleichwohl blieb die grauenhafteste Dimension des deutschen Faschismus, der millionenfache Mord in den Vernichtungslagern, theologisch so gut wie folgenlos – und das nicht nur in

Deutschland. „Die Leichenberge von Auschwitz hätten eigentlich alles verändern müssen: nichts mehr hätte so sein dürfen wie vorher, in unserem Volk nicht, in unseren Kirchen nicht. Vor allem in den Kirchen nicht; wenigstens sie hätten die seelische Katastrophe wahrnehmen müssen, die Auschwitz bedeutete" [2]. Doch ging man nicht nur zur Tagesordnung über. Vielmehr blieb selbst dort, wo man in der protestantischen Kirche ernsthaft Konsequenzen aus dem Kirchenkampf zu ziehen bereit war, die Trauerarbeit von theologischer Unbußfertigkeit getrübt, wenn Auschwitz und der mit diesem Wort vor allem verbundene Mord an Millionen von jüdischen Kindern, Frauen und Männern zur Sprache kam.

Allerdings haben das Erschrecken darüber und die Betroffenheit vom kirchlichen Versagen und der Schuld der Christen nach einiger Zeit dann auch in kritischen Analysen der antijüdischen Tradition des Christentums nachgewirkt. Nicht zufällig war auch hier der eigentlich neuralgische Punkt die Auslegung des Neuen Testamentes. Denn daß es in der Geschichte ein abscheuliches Kontinuum kirchlich und theologisch sanktionierter und initiierter Judenfeindschaft gibt, ist zwar schon Schande genug für das Christentum. Doch ist die Frage, ob denn bereits die Urkunde des Christentums selbst, das Neue Testament, von Antijudaismus geprägt ist, für eine kritische Auseinandersetzung mit dem christlichen Antijudaismus von entscheidender Bedeutung, da gegebenenfalls die Kritik vor dem Neuen Testament nicht haltmachen dürfte.

Nun ist klar, daß das Neue Testament als Zeugnis einer geschichtlichen Periode, die etwa hundert Jahre und zumal die Anfänge des Auseinandergehens der Wege von Kirche und Synagoge umfaßt, auch die bitteren Auseinandersetzungen spiegeln muß, die schließlich zur Trennung und zum Gegenüber von Christen und Juden führten. Zugespitzt formuliert wäre also nichts weniger überraschend als das Fehlen unfreundlicher Aussagen über Juden im Neuen Testament. Tatsächlich interessierten darum vor allem diejenigen Texte, die Juden und ihre Religion in besonders feindlicher Weise angriffen oder übel polemisch verzerrten, also zum Beispiel die antipharisäische Polemik (bes. Mt. 23), die Bezeichnung der Juden als „Teufelssöhne" (Joh. 8,44), Annäherung an antiken heidnischen Antisemitismus (1. Thess. 2,14f) und überhaupt die pauschalen Belastungen „der" Juden als Christusmörder und die geschichtstheologischen Deutungen der jüdischen Niederlage im ersten Krieg gegen Rom als Gottes Strafe für die Ablehnung Jesu und seiner Boten (vgl. Mk. 12,1 - 12,13; Mt. 20-22 usw.).

Bezeichnenderweise setzt aber die bekannteste deutsche Veröffentlichung zum Thema im Titel schon ein Fragezeichen: „Antijudaismus im Neuen

Testament?“ (1967). Denn bei aller Kritik vermochte man dem Antijudaismus im Neuen Testament nur eine marginale Bedeutung zuzuerkennen; marginal, weil das Eigentliche des Evangeliums von ihm nicht tangiert zu sein schien. Die Tendenz dieser „apologetischen“ Auseinandersetzung mit der antijüdischen Tradition im Neuen Testament war, den Unterschied zur späteren Kirchengeschichte deutlich zu machen. Anhalt hatte diese Auslegung auch daran, daß in der Tat der Anfang mit Jesus und seinen Jüngern im Judentum liegt und von Juden getragen wurde. Wie deutlich auch immer von späterer Auseinandersetzung schon überlagert, gibt das Neue Testament in seinen ältesten Schichten doch davon Zeugnis, daß die „christliche“ Bewegung nicht notwendig antijüdisch sein mußte, jedenfalls nicht so begonnen hatte. Auch die Kritik, die von der ersten Jesusbewegung im Judentum formuliert wurde, war ja *inner*jüdische Kritik, wie sie ähnlich von Israels Propheten vorher geübt wurde. Erst dort, wo diese in heidenchristliche Hände fiel, veränderte sich ihre Qualität zum *Anti*judaismus.[4] Erst nach der jüdischen Niederlage im ersten Krieg gegen Rom entwickeln sich auch die grundlegenden Elemente der antijüdischen Geschichtstheologie, nach der die Juden von Gott verworfen und ihre Erwählung auf die Kirche übergegangen sei. Auch daß nach und nach das gesamte Neue Testament vom antijüdischen Klima der späteren Epochen nachträglich antijudaisiert wurde und dies als ideologisches Vorurteil die Auslegung auch dort bestimmte, wo ursprünglich kein Antijudaismus war, kam schon in den Blick.

Dennoch blieb diese respektable erste Kritik des Antijudaismus in der Theologie zumeist folgenlos. Vor allem waren die Ausleger für das Problem der nachträglichen Antijudaisierung unsensibel. Die antijüdischen Stereotypen, zumal das jüdische Toraverständnis betreffend, wurden reihenweise reproduziert. Selbst bei denen, die ausdrücklich an Bultmanns Entmythologisierungsprogramm anknüpften, blieben die Juden als „negativer Mythos“ (R. Ruether) und dunkle Folie zur Bestimmung der christlichen Identität erhalten. Der ideologische Charakter dieses Antijudaismus liegt dabei auf der Hand. Denn einerseits war man durch neuere historische Forschung, die dem Judentum in neutestamentlicher Zeit eher gerecht wurde als die zumeist tendenziösen Darstellungen aus der Zeit vor 1930, in mancher Hinsicht aufgeklärter. Zum anderen war selbstverständlich jede Judenfeindschaft, sofern sie auf die lebenden Juden zielte, aufgrund der Erfahrungen mit dem Antisemitismus perhorresziert. Gleichwohl blieb das Judentum als Religion bzw. in seinem „Wesen“ gerade vom Neuen Testament her in der Theologie fundamental kritisiert. Antijudaismus gehörte darum umgekehrt für nicht wenige zum Wesen des Christentums. Und begründet wurde dies gerade mit dem Neuen Testament, das selbst einen essentiellen *theologischen* Antijudaismus vertrete [5]. Dabei ist klar, daß Antijudaismus im Kern hier die religiöse und theologische Illegitimität des Judentums meint.

In den letzten Jahren freilich, also eine Generation nach Auschwitz, ist dieser theologische Antijudaismus erneut auf bemerkenswerte Kritik gestossen. Es scheint überhaupt die Krise, die der Holocaust darstellt, breitere Kreise in der westlichen Hemisphäre eingeholt zu haben. Vermutlich werden dabei zwar zahlreiche Katastrophen (politischer und moralischer Art) der jüngsten Weltgeschichte eine Rolle gespielt haben. Gleichwohl ist es von Belang, daß Auschwitz bzw. der Holocaust – wie man nun meistens sagt – gewissermaßen zum Fokus dieses Krisenbewußtseins geworden ist. Darin drückt sich die Erkenntnis aus, daß Auschwitz mehr als nur der tiefste Abgrund in der Vergangenheit, nämlich womöglich der Auftakt zu einer neuen Epoche der Menschheit ist. Jeder Versuch, abgesehen oder jenseits von dieser Katastrophe die condition humaine zu bestimmen oder gar Theologie zu treiben, übersieht, daß der Abgrund hinter uns seine schwindelerregende Tiefe vor und neben uns behalten hat. Was wirklich war, bleibt fortan immer möglich, selbst wenn die Opfer wechseln [6]. Das mörderische Muster im Gewebe der Welt, wie es durch den Holocaust offenbart ist, muß aber auch theologische Folgen haben. Denn nicht allein daß im Herzen des Christenums der größte Scheiterhaufen errichtet wurde, der je in der Geschichte für Juden errichtet worden ist [7]. Vielmehr kann das Christentum auch wegen seiner engen Verflechtung mit der Dynamik der abendländischen Geschichte von seiner Verantwortung nicht suspendiert werden. In Nordamerika vor allem entsteht so in den letzten Jahren eine Theologie *des* Holocaust, und zwar in einem bisher völlig unbekannten Dialog zwischen Christen und Juden, der zudem weit über die Aufarbeitung der Beziehungen dieser beiden Religionen hinaus eine Sensibilität für die fundamentalen Probleme der Menschheit entwickelt.
So provokativ die theologische Spitzenaussage dieser Bewegung ist, nämlich daß der Holocaust und der neuerstandene Staat Israel Ereignisse mit Offenbarungsqualität seien [8], so schockierend ist die Konsequenz, die namentlich Rosemary Ruether im Kontext der amerikanischen Diskussion im Blick auf das Neue Testament und das Problem seines Antijudaismus gezogen hat [9]. Fern aller Apologetik erklärt sie, daß der Antijudaismus keinesfalls nur ein Thema der Kirchengeschichte und keinesfalls nur ein peripheres Problem des Neuen Testamentes sei, sondern der Geburtsfehler des Christentums überhaupt.

Wie der moderne Antisemitismus letztlich im christlichen Antijudaismus, so habe dieser im Herzstück des Christums, der Christologie, seine Wurzeln! Nicht nur reagierte nämlich schon das Christentum in neutestamentlicher Zeit auf die Ablehnung des Bekenntnisses zu Jesus als Messias durch die (Mehrheit der) Juden mit dem Theologumenon von der Verwerfung der Juden als Gottes Volk. Vielmehr wird nach Meinung von R. Ruether damit bereits das Prinzip jeglichen Antisemitismus, die Projektion einer negativen Erfahrung auf die Juden, im Christentum etabliert. Denn den Widerspruch zur Messianität Jesu, wie er durch die Fortdauer der Realität des Unheils und das Ausbleiben der naherwarteten Erlösung hergestellt wird und auch den Christen nicht verborgen bleiben konnte, werde durch die Behauptung der Verwerfung der Juden auf diese übertragen. So ist der Antijudaismus nach Rosemary Ruether das ideologische Mittel, mit dem sich die Christen im ersten Jahrhundert die Krise ihres messianischen Glaubens, das Ausbleiben der Parusie, verbergen.

Nun ist es keine Frage, daß der Antijudaismus in der Geschichte des Christentums auch diese ideologische Rolle gespielt hat, die Rosemary Ruether ihm schon für die neutestamentliche Zeit zuschreibt. Er gehört zu dem Syndrom des kirchlichen Triumphalismus und der vorschnellen Versöhnung des Christentums mit der jeweiligen Gegenwart hinzu, das Johann Baptist Metz kürzlich als „typisch christliche Verblüffungsfestigkeit" angesichts des realen Unheils diagnostiziert hat [10]. Wie Metz so plädiert darum auch Ruether mit Recht dafür, daß das Christentum an die ursprüngliche Kraft des messiansichen Glaubens Jesu und seiner Nachfolger anknüpfen muß. Es kann das freilich nur, wenn es sich zugleich über den „Zerfall der messianischen Religion zur rein bürgerlichen Religion" aufklärt, um „im Angesichte von Auschwitz den *praktischen Kern* des Christentums freizulegen und gleichzeitig ein allgemein herrschendes Vorurteil im Verhältnis zwischen Christentum und Judentum zu durchbrechen" [11]. Dabei müssen die Christen vor allem lernen, die Ablehnung des Glaubens an Jesus Christus durch die Juden und ihre Treue zur Tora nicht als Mangel an messianischer Hoffnung und Ausdruck selbsterlöserischer Werkgerechtigkeit zu diffamieren. Nur wenn die religiösen Wertsetzungen hier keine mythischen Unwertsetzungen dort zur Folge haben, die Wahrheit der einen nicht die Unwahrheit der anderen ist, kann ja auch ein Dialog gelingen. Dazu gehört aber auch das Aushalten des Widerspruchs und der Unterschiede, eine Tugend der eschatologischen Toleranz, die in die Hoffnung auf die Erlösung den jeweils anderen ausdrücklich einschließt und sich die eigene Unerlöstheit eingesteht. Im Gegensatz zu Rosemary Ruether meine ich jedoch, daß eine solche Innovation des messianischen Glaubens am Neuen Testament wesentlich eindeutiger Anhalt hat. Gewiß, es muß dazu aus den Fesseln des Antijudaismus befreit werden. Doch ist dieses eine Aufgabe, die zunächst und vor allem *unsere* Interpretation der Texte betrifft. Die neutestamentliche Wissenschaft steht gewissermaßen vor dem Problem einer Entmythologisierung ihrer selbst, d.h. einer Befreiung von der in Jahrhunderten gewachsenen antijüdischen Hermeneutik, mit der sie das Neue Testament überzogen hat.

Damit behaupte ich nicht, daß die antijüdische Tradition nur ein Problem der Ausleger und nicht ihrer Texte wäre. Tatsächlich nimmt der Antijudaismus schon im Neuen Testament seinen Anfang. Gleichwohl ist er nicht nur beim Namen zu nennen, sondern auch historisch gerecht zu beurteilen und im Zusammenhang der Gesamtsituation zu verstehen. Dabei geht es keinesfalls um Apologie, jedoch darum, nicht noch die nachträgliche Ideologisierung des Antijudaismus im Neuen Testament festzuschreiben.

Wenn es heute darauf ankommt, daß die Christen ihre Gleichzeitigkeit mit den heute lebenden Juden und deren Schicksal entdecken, wenn es also von eminenter Bedeutung ist, daß die Christen erkennen, daß auch die Wiederholung des neutestamentlichen Antijudaismus die mit ihnen gleichzeitigen Juden trifft, dann ist es aber umgekehrt auch wichtig, daß der Antijudaismus im Neuen Testament in seiner historischen Situation und im Zusammenhang des ihm gleichzeitigen Judentums verstanden wird [12].

2

Messianischer Glaube ohne Antijudaismus – Die Alternative des Paulus

„Die Position des Paulus war fraglos die des Antijudaismus", und zwar eben in dem speziellen Sinn, daß der Apostel die „Verwerfung des *Judentums*" zugunsten der Kirche bzw. des Christentums lehre. Selbst die eigentlich doch unmißverständliche Aussage von Röm 11,1, wonach „Gott sein Volk ‚nicht verworfen' (hat), gilt nur in dem Sinn, daß er es am Ende in diese Bekehrung zur Kirche führen wird". Denn sie allein ist „die eschatologische Bestimmung Israels". Ja, Paulus „lehrt die Verwerfung der Juden (Verwerfung des Judentums als angemessener Religionsgemeinschaft für das Gottesvolk) in einer Radikalität, die das Judentum nicht erst wegen der Ablehnung Christi, sondern als von Anfang an verworfen sieht" [13].

Diese Kernsätze der Paulusdeutung von Rosemary Ruether sind in der bewußt polemischen Zuspitzung sicher ungewöhnlich. Doch haben sie in der

Tat Anhalt an einer traditionellen Auslegung der paulinischen Theologie, wie sie seit der Aufklärung üblich und bis heute überall noch zu finden ist, auch wenn ihr Inhalt vielfach variiert wurde. Ich halte sie gleichwohl für ein fundamentales Mißverständnis der Position des Paulus, ja für ein klassisches Beispiel der Projektion des prinzipiellen theologischen Antijudaismus des neuzeitlichen Christentums auf Paulus [14].

Falsch ist schon die Behauptung, daß für Paulus das eschatologische Ziel Israels die Kirche oder gar das Christentum sei, und zwar nicht nur wegen der anachronistischen Identifikation einer vorläufigen geschichtlichen Gegebenheit, als die der Apostel die Kirche ansah, mit einer historisch ungewöhnlich dauerhaften und expandierenden Institution. Vielmehr noch verkennt diese Behauptung gerade die eschatologische Differenz zwischen der Kirche und dem Gottesreich. Denn ganz fraglos ist für Paulus die eschatologische Bestimmung Israels die *Erlösung*, die eschatologische Rettung, das Heil, kurz: das ewige Leben. In der apokalyptischen Sprache des Apostels kann dieses Ziel auch Neue Schöpfung oder – ganz selten – das Reich bzw. die Herrschaft Gottes heißen, nie jedoch Kirche. Gewiß, „in Christus" ist dieses Ziel auch *schon* erreicht. Und darum nehmen die, die an Jesus Christus glauben, schon in Zeit und Geschichte an diesem endgültigen Heil teil, sind „in Christus" schon Neue Schöpfung (vgl. 2 Kor 5,17; Gal 6,15). Doch ist dies zweifellos eine hyperbolische Aussage. Denn selbstverständlich steht die endgültige Rettung *noch* aus, ist die Grenze zum ewigen Leben, die der Tod markiert, allein von Jesus Christus überschritten, während die Glaubenden diesem Ziel gegenüber eine bloß vorläufige Existenz in der Hoffnung haben. Paulus betont zwar, daß jenes Endgültige sich in den Wirkungen des Geistes und im neuen Wandel, das ewige Leben also schon in der Welt des Todes realisiert. Doch nur in dieser Dialektik, also kontrafaktisch gegen die Präsenz des Unheils und verborgen unter dem Leiden. „Auf Hoffnung sind wir gerettet" – diese paradoxe Aussage in Röm 8,24 beschreibt das „Schon" und „Noch nicht" der Existenz der Kirche am deutlichsten.

Es ist aber auch die Erlösung insofern allein *Israels* Bestimmung, als sie eschatologisch in Kraft setzt, was Israels Vätern, insbesondere dem Erzvater Abraham, verheißen wurde. Gewiß, diese Verheißung schließt die Assoziierung der Heiden zum Heil der Juden ein. Doch gilt sie zuerst den Juden und nur über sie den Heiden. Wären die Juden von allem Anfang an verworfen, wie Ruether für Paulus behauptet, gäbe es überhaupt keine Erlösung und damit keine Hoffnung im Verhängnis der Geschichte. So gehört die Sammlung der Heiden in der Kirche zwar zur Heilsökonomie Gottes, d.h. zur Durchsetzung der Erlösung Israels (und damit auch der Heiden) hinzu, ist ein Stück der eschatologischen Bestimmung Israels, jedoch nicht identisch mit ihr. Nicht zufällig redet Paulus darum auch von den glaubenden Heiden als Abrahamskindern und nennt sie „verborgene Juden" (Röm 2,29). Ja, er reklamiert im polemischen Zusammenhang für die Heidenkirche sogar: „wir sind die Beschneidung" (Phil 3,3). Und umgekehrt kann er den Juden vorwerfen, sich nur Juden zu nennen. Gleichwohl sind die Heiden für ihr Heil auf Israel angewiesen, treten sie in der Kirche zum Gottesvolk hinzu, um mit ihm gemeinsam Gott die Ehre zu geben (vgl. Röm 15,7 ff). Diese eschatologische Vereinigung der Heiden mit den Juden bedeutet geschichtlich jedoch keinesfalls die Ablösung des Gottesvolkes Israel durch die Kirche oder die Verdrängung des „alten" durch das „neue" Gottesvolk, das „wahre" Israel. Für Paulus gibt es nur Israel und die Heiden, bleiben die Juden Juden und die Heiden Heiden. Ihre Differenz ist nur „in Christus" aufgehoben, also im Blick auf die zukünftige Verwirklichung der Neuen Schöpfung, geschichtlich jedoch nicht zu überholen. Ein tertium genus, also eine gegenüber Juden und Heiden neue Qualität, wie sie die späteren Christen für sich in Anspruch nahmen, gibt es für Paulus nicht. Das neue Genus ist allein die eschatologisch vollendete Neue Schöpfung, und zwar nicht als etwas Drittes den Juden und Heiden gegenüber, sondern als etwas unvergleichlich Neues dem Alten gegenüber, das durch die geschichtliche Differenzierung geprägt ist. So besteht Paulus zwar wegen der „in Christus" schon verbürgten eschatologischen Neuheit darauf, daß Heiden keine Juden mehr zu werden brauchen, um an der Erlösung teilzunehmen. Und umgekehrt gilt deswegen, daß die jüdische Identität, wie deutlich sie auch der heidnischen überlegen ist, angesichts des unvergleichlich Neuen, das das Ende bringt, keine Voraussetzung für die Erlösung ist. Denn an ihr nimmt einer geschichtlich nur im Glauben teil. Doch ist damit das Judentum weder paganisiert, geschweige denn als Religion verworfen. „Gott hat sein Volk nicht verstoßen" – auch dann nicht, wenn es in der Mehrheit den Glauben an Jesus Christus verweigert!

Es ist von einiger Bedeutung, daß Paulus im Römerbrief mit Entschiedenheit einer Tendenz in der römischen Heidenkirche entgegentritt, die aus der Ablehnung des Messias Jesus durch die Mehrheit der Juden deren Verwerfung als Gottesvolk schließt. Kann man in dieser Tendenz durchaus einen spezifisch theologischen Antijudaismus sehen, so ist die Position des Apostels ihm gegenüber fraglos nicht die des Antijudaismus, sondern dessen Kritik. Natürlich relativiert Paulus dabei nicht den Glauben an Jesus. Er ist Israels verheißener Messias, auch wenn er die damit verbundene Befreiung von heidnischer Bedrückung erst in Zukunft und dann zugleich kosmisch als Erlösung der Schöpfung von allen Feinden sichtbar und

endgültig ausübt. Und er ist seit seiner Auferstehung der, dem Gott selbst seinen Namen und seine Macht gegeben hat, der „Herr", auch wenn er diese Macht erst in Zukunft sichtbar einsetzt und nach der Unterwerfung aller Feinde zu Gott wieder zurückgibt (vgl. 1 Kor 15). Als solcher erhebt er jedoch schon gegenwärtig Anspruch auch auf die Herrschaft über die Heiden und läßt sich von ihnen anrufen, um auch sie zu retten. Natürlich relativiert Paulus auch nicht die Verweigerung des Glaubens an Jesus Christus und des Bekenntnisses zu ihm, dem Herrn, durch die Mehrheit in Israel. Dies ist für ihn Ungehorsam angesichts der offenbaren Heilsinitiative Gottes (vgl. Röm 10). Doch hebt dieser Widerspruch nicht nur nicht die Erwählung der Juden und Gottes unkündbare Treue ihnen gegenüber auf, sondern gehört geradezu zum Geheimnis der Heilsökonomie Gottes, d.h. zu der jetzt offenkundigen Logik seines Handelns zur Durchsetzung der Erlösung ganz Israels und der Fülle der Heiden hinzu.
Worin besteht diese geheimnisvolle Logik? Darin, daß Gott einige – wie Paulus selbst – in Israel aufgrund seiner Gnade zum Glauben befähigt, die übrigen jedoch verstockt hat? In der Tat! Nur ist eben im Ungehorsam und in der Verstockung Gott selbst offensichtlich am Werk, und zwar zugunsten der Heilsteilhabe der Heiden. So sind im Unterschied zum „Rest" jene übrigen in Israel zwar über den Stein des Anstoßes in Zion, Jesus Christus, gestolpert und haben damit das eschatologische Ziel verfehlt. Doch nicht, damit sie auf ewig zu Fall kämen, sondern durch ihren Fehltritt die Rettung auch den Heiden zuteil wird. Leidenschaftlich mahnt Paulus darum die glaubenden Heiden, deren Sammlung er als Gottes erwähltes Werkzeug, der Apostel der Heiden, zur Aufgabe hat, sich nicht über Israel zu erheben und zu meinen, es habe keine Erlösung wegen des Unglaubens zu erwarten. Vielmehr ist die Verweigerung des Glaubens in Israel die Etappe in der Heilsökonomie Gottes, die den Heiden allererst die Assoziierung zur eschatologischen Rettung ermöglicht. So ist es das Verhalten der Juden, das – wie auch immer – für den Prozeß der Erlösung signifikant ist, aus ihm selbst aber nicht herausfällt. Wenn nämlich schon die „Verwerfung" des Heilsangebotes Gottes durch die Juden zum Friedensschluß Gottes mit der ihm feindlichen Welt der Heiden führt, um wieviel mehr wird die Annahme des Heilsangebotes durch die Juden endgültige Realisierung der Erlösung, nämlich die Auferstehung zum Leben bedeuten (vgl. Röm 11,15) [15].
Daß nicht nur der Rest, sondern auch die übrigen, also ganz Israel am Ende gerettet wird, steht für Paulus unbezweifelbar fest. Das Geheimnis darin ist nur, daß Israel zuvor noch aufgrund der Verstockung durch Gott selbst eine Entfremdung im Ungehorsam zugunsten der Erbarmung mit den Heiden erfährt. Die Verstockung ist jedoch befristet, bis die „Fülle der Heiden"

gesammelt, mithin ihre Funktion erfüllt ist. „Dann wird *ganz* Israel gerettet". Das heißt nicht, daß Israel schließlich ganz in der Kirche aufgeht und deren Triumph durch die eigene Niederlage bestätigen muß. Die Aufhebung der Verstockung, die teilweise über Israel gekommen ist, ist vielmehr identisch mit der Aufhebung der geschichtlichen Vorläufigkeit der messianischen Erlösung, mit dem Kommen des Retters aus Zion und der Auferstehung zum Leben. Diese Aufhebung der Verstockung ist deshalb auch nicht eine Aufgabe der Mission, schon gar nicht der Heidenkirche Israel gegenüber. Gewiß, sie soll durch die Qualität ihres Gottesdienstes und ihres Lebens in der Gerechtigkeit, die die Tora fordert, Israel „reizen". Eine Sendung haben jedoch die Heiden nicht; Mission unter Israel ist die alleinige Aufgabe des Petrus und der übrigen Apostel unter den christusgläubigen Juden.

So schmerzlich Paulus den Widerspruch seiner jüdischen Brüder empfindet, zum Antijudaismus gerät er ihm nicht. Gottes unerforschliches Geheimnis ist hier am Werk und darum des höchsten Respektes würdig. Gewiß, wo Paulus auf die Gegnerschaft zum Evangelium in der Bestreitung der anfänglichen Präsenz des messianischen Heils und des Rechts der Heiden, allein im Glauben an ihm zu partizipieren, trifft, kann er auch polemisch und sogar ganz ungerecht, pauschal urteilend reagieren. Doch verbirgt sich dahinter das menschliche Antlitz dessen, der die höchst prekäre und bedrohte Identität einer Minderheit auf der Grenze zwischen Juden und Heiden verteidigt, ja, in seiner leidenden Existenz das Schicksal eines Nachfolgers Jesu, der um der Familie Gottes willen Vater und Mutter verlassen hat, beängstigend erfährt. So wenig er darum seinen jüdischen Brüdern gestattet, die legitime Hoffnung der glaubenden Heiden auf die messsianische Erlösung in Frage zu stellen, so wenig läßt er seinen Brüdern aus den Heidenkirchen zu, die messianische Erlösung der Juden zu bestreiten, die am Glauben nicht teilnehmen. Das Heil der Heiden ist nicht das Unheil der Juden, Gottes Erbarmen ist unteilbar. Darum gilt Israel das messianische Heil, das in Christus verbürgt ist, zuerst und vor den Heiden, aber auch zuletzt und nicht ohne die Heiden.

3

Die Krise des messianischen Glaubens und das Auseinandergehen der Wege von Christen und Juden

Die Intensität des messianischen Glaubens, seine Hoffnung wider Hoffnung und die Naherwartung gaben Paulus die Kraft, die Solidarität mit seinen jüdischen Brüdern zu wahren. Dabei widerstand er nicht nur dem aufkeimenden Antijudaismus in der Kirche, sondern zugleich einer latenten Tendenz zum gesellschaftlich-politischen Opportunismus. Denn ganz ohne Frage paßte der kirchliche Antijudaismus in die römische Situation. War Rom doch nicht nur die Kapitale des damaligen Imperiums, sondern auch ein Zentrum des virulenten und massiven Antisemitismus in diesem Reich, der sich nicht selten schon bei geringstem Anlaß in pogromähnlichen Maßnahmen der Behörden entlud [16]. Vermutlich hat Paulus selbst damit einige Erfahrungen gesammelt. In jedem Fall hat er aber mit Aquila und Prisca, zwei römische Juden, die wie er an Jesus Christus glaubten, Opfer solcher antijüdischen Maßnahmen in Rom kennengelernt. Ist es zudem wahrscheinlich, daß Aquila und Prisca aus Rom vertrieben worden sind aufgrund bestimmter Konflikte, die in den jüdischen Gemeinden wegen des messianischen Bekenntnisses zu Jesus entstanden (vgl. Apg 18,2), so dürfte die Ermahnung und Belehrung des Römerbriefes auch auf dem Hintergrund dieser Erfahrung zu deuten sein. Wenn nämlich die glaubenden Heiden in Rom ernst nähmen, was der Apostel ihnen sagt, so müßten sie nicht nur eine eschatologische Toleranz gegenüber den Juden aufbringen, sondern sich mit ihnen in einer Koalition der Hoffnung auf die messianische Erlösung verbunden wissen. Tatsächlich fordert Paulus sie auch zur realen Solidarität ausdrücklich auf (vgl. Röm 14 f), warnt aber in Röm 13 zugleich davor, durch provokativen staatsbürgerlichen Ungehorsam Konflikte mit den Behörden heraufzubeschwören. Dieses berüchtigte, weil später so oft für feigen Opportunismus mißbrauchte und geradezu zur christlichen Metaphysik des Staates aufgeblähte Kapitel des Römerbriefes wäre freilich mißverstanden, wenn es von der Hoffnung auf die messianische Erlösung isoliert würde. Selbstverständlich schließt es den bewaffneten Aufstand aus, gleichwohl aber das Ausschöpfen aller – wenn auch nicht üppigen – Rechtsmittel und schließlich den passiven Widerstand des Martyriums ein, wo die Zumutungen des Staates und seiner Behörden die Substanz des messianischen Glaubens antastete. Die Biographie des Paulus ist dafür Beweis genug.

Der messianische Glaube und seine Hoffnung auf Erlösung von allen feindlichen Mächten durch die Herrschaft Gottes bzw. seines Messiaskönigs wurden durch den jüdischen Aufstand gegen die römische Fremdherrschaft nicht nur in einen prekären politischen Kontext gebracht, sondern durch die katastrophale Niederlage der jüdischen Freiheitskämpfer in eine tiefe Krise gestürzt. Gewiß, von dieser Krise war in erster Linie das Judentum betroffen. Seine Hoffnung auf Befreiung war bitter enttäuscht; und selbst dort, wo man dieser messianischen Hoffnung höchst reserviert gegenüberstand, mußte man die bitteren Folgen mittragen. Betroffen waren von dieser Krise aber auch die christusgläubigen, messianischen Gemeinden am Rande des Judentums; ja, durch ihr Bekenntnis zum Messias Jesus waren sie einerseits politisch verdächtiger, andererseits zur Auslegung ihres Bekenntnisses im Kontext unübersehbaren Unheils gezwungen. Diese objektive Lage mußte zusammen mit den kaum aufgearbeiteten Problemen, die sich aus der Existenz von Heiden in den Gemeinden ergaben, das Konfliktpotential erhöhen. Tatsächlich reflektieren denn auch die synoptischen Evangelien (und die Apostelgeschichte), die sämtlich nach der jüdischen Niederlage im ersten Krieg gegen Rom im Jahr 70 n. Chr. verfaßt wurden, einerseits die Erschütterung durch dieses Ereignis, andererseits aber auch die scharfen Auseinandersetzungen der christusgläubigen Gemeinden mit dem Judentum. Die messianische Koalition, die Paulus anstrebte, ist in dieser Krise nicht bewahrt worden. Im Gegenteil. Wo sie vorher bestand, brach sie jetzt auseinander.

Schon im ältesten der synoptischen Evangelien, im Markusevangelium, finden sich die wesentlichen Elemente der theologischen Deutung, durch die die Krise des messianischen Glaubens in den Gemeinden aufgearbeitet und überwunden wurde. Einerseits wird die Katastrophe, deren Fanal die Zerstörung des Tempels war, als notwendige Etappe auf dem Weg zur endgültigen Erlösung gedeutet, andererseits aber wird bestritten, daß sie ein Zeichen für die unmittelbar bevorstehende Erlösung durch den Messias sei: Dieses mußte zwar geschehen, aber es ist erst der Anfang der Wehen der messianischen Zeit und keinesfalls schon das Ende. Im Gegenteil, es verschärfen sich sogar noch die Zeiten, und das Leiden wird unter den Nachfolgern Jesu zunehmen. Tatsächlich ist das Zeichen für das Kommen des Erlösers vom Himmel her auch unübersehbar und jeder geschichtlichen Zweideutigkeit enthoben, da es die kosmische Katastrophe bedeutet (vgl. Mk 13).
Nun wird allerdings durch den Aufschub des Endes die Naherwartung nicht aufgegeben oder paralysiert. Der Evangelist fordert vielmehr zu erhöhter Wachsamkeit auf. Die differenziertere Beurteilung des Verhältnisses der Gegenwart zur endgültigen Erlösung wird sogar insofern zum Gewinn, als die verbliebene Zeit zur Heidenmission und zum Martyrium für Jesus vor den Machthabern genutzt werden soll: „Sie werden euch den Synedrien ausliefern, und ihr werdet in den Synagogen die Prügelstrafe erleiden, vor Statthalter und Könige werdet ihr gestellt um meinetwillen, ihnen zum Zeugnis. Und unter allen Völkern muß zuerst das Evangelium verkündigt werden“ (Mk 13,9 f).

Deutet sich hier schon an, daß diese Nachfolger Jesu um ihres messianischen Bekenntnisses willen auch von jüdischen Behörden gemaßregelt wurden, so spiegelt sich im Evangelium insgesamt eine Auseinandersetzung mit der Substanz der jüdischen Tradition, die das Stadium der innerjüdischen Kritik längst verlassen hat und den Konsens, der bei Jesus und seinen ersten Nachfolgern mit dieser Tradition grundsätzlich bestand, nicht mehr teilte [17]. Tatsächlich ist denn auch die Kehrseite der programmatischen Heidenmission eine Distanzierung vom Judentum, die sich nicht nur in äußerlicher, organisatorischer Trennung, die das Markusevangelium wohl schon voraussetzt, sondern auch theologisch objektiviert. Die Niederlage der jüdischen Freiheitskämpfer wird als Gottes Strafgericht an Israel wegen der Ablehnung der Propheten und zumal des „geliebten Sohnes", Jesus, gedeutet. Ja, mehr noch: Gott hat Israel den Weinberg genommen, d.h. er hat seine intensive Beziehung zu ihm aufgekündigt. So wie der zerstörte Tempel das Symbol dafür ist, daß Gott sein Volk verlassen hat, so ist Christus als Eckstein das Fundament eines neuen Tempels, der Kirche, mit der sich Gott verbunden hat (vgl. Mk 12,1 ff).

Dies wird man freilich Antijudaismus nennen müssen. Und in der Tat hat seine geschichtstheologische Struktur in der Kirchengeschichte nachhaltige Folgen gezeitigt. Doch ist für seine Beurteilung zweierlei von Bedeutung. Einmal muß beachtet werden, daß die objektive Lage der Gemeinden des Markus ebenso elend wie die der jüdischen Gemeinden war, ja, durch die Konflikte mit den jüdischen Instanzen noch elender wurde, da die Trennung die rechtliche Schutzlosigkeit wohl verschärfte. Zum anderen muß beachtet werden, daß im Judentum die messianisch-anarchischen Traditionselemente in den Untergrund oder an den Rand gedrängt werden konnten, ohne die Identität jüdischer Existenz in Frage zu stellen. Standen sie doch sowieso nicht derart im Vordergrund, wie unserer christlichen Optik das zumeist erscheint. Denn die Reformbewegung der Pharisäer, die Orientierung der jüdischen Identität an der Tora, die aus der Krise des Judentums unter hellenistischer Bedrückung hervorgegangen war, hatte im Volk längst große Resonanz gefunden. An sie konnte das Judentum nach 70 n. Chr. anknüpfen. Damit ist natürlich nicht die Hoffnung auf messianische Erlösung aufgegeben worden. Aber gerade weil in der Realität nichts davon sichtbar war, mußte die Orientierung an der Tora als Gottes Weisung zum authentischen Leben in der geschichtlichen Zeit erhöhte Bedeutung gewinnen. Wie entbehrungsreich auch immer die Juden in dieser Welt zu leben hatten, Gottes Gnadengabe, die Tora, gewährte ihnen eine Identität, die sie im Bereich der Gerechtigkeit und des Lebens, damit aber in der Nähe des wahren Gottes hielt.

Ganz anders die messianischen Gemeinden des Markus. Ihre Identität war der messianische Glaube. Seine Krise mußte darum viel tiefer treffen und konnte nur aus ihm selbst heraus überwunden werden. War die Messianität Jesu nicht durch die Ereignisse zutiefst fragwürdig geworden? Eine solche Frage wird im Markusevangelium nicht gestellt (vgl. aber Lk 24,21). Doch zeigt sich am Unverständnis der Jünger im Evangelium, daß das Problem existierte. Einerseits versuchen sie dort, wo Jesu messianische Macht sichtbar wird, diese Situation gewissermaßen festzuhalten. Andererseits geraten sie in Furcht und Glaubenslosigkeit, wenn Jesus nicht da ist und die Drangsale der Welt sie überfallen. Markus umgibt darum das Bekenntnis zu Jesus als Messias mit einem Schleier des Geheimnisses und dem Schweigegebot. Offen bekannt wird Jesu Messianität nur in der Situation des Martyriums – und dann auch nur als Ausdruck gewisser Hoffnung auf die zukünftige Erlösung (vgl. Mk 14,61). Zugleich weist er in das furchtlose Leiden um dieses Bekenntnisses willen ein und macht Mut, die messianische Hoffnung in der Situation des Unheils nicht fahren zu lassen. Er hält also mit dem „Dennoch“ des Glaubens in schier aussichtsloser Situation an der Hoffnung auf die Erlösung fest.
Matthäus nimmt die wesentlichen Elemente der theologischen Deutung des Markus auf, wandelt sie jedoch auch charakteristisch ab. Die wesentlich größere Nähe seiner Gemeinden und ihrer Tradition zum Judentum pharisäischer Prägung verschärft einerseits den polemischen Bezug darauf. Andererseits schöpft er zur Bestimmung der christlichen Identität aus dem jüdischen Reservoir, d.h. aus der Tora. Wo Markus eine grundsätzliche Freiheit von pharisäisch-schriftgelehrter Toraauslegung, also von halachischer Tradition behauptet, heißt es von den Pharisäern und Schriftgelehrten im Matthäusevangelium: „Tut und haltet alles ein, was sie euch sagen. Aber nach ihren Werken richtet euch nicht. Denn sie sagen es nur, tun es aber nicht“ (Mt 23,3). Ja, Pharisäer und Schriftgelehrte erleichtern ungebührlich die strengen Forderungen der Tora, weswegen Jesus die Jünger lehren muß, was Gottes eigentlicher Wille ist (vgl. Mt 5-7). Gewiß, Matthäus hebt dabei insbesondere auf den „ethischen“ Teil der Tora ab; doch steht die Sabbatobservanz zum Beispiel für ihn nicht zur Disposition. Vielmehr versucht Matthäus, dem Wort Jesu gemäß, ein „Schriftgelehrter, der für das Reich der Himmel unterrichtet ist“, zu sein, der „einem Hausherrn gleicht, der aus seinem Schatze Altes und Neues hervorholt“ (Mt 13,52). So fest er darum am Bekenntnis zu Jesus als Messias hält, so fest hält er an der (jüdischen) Identität aus der Tora, von der jeder Buchstabe verbindlich bleibt. Er interpretiert zwar beides, jedoch in dem Bewußtsein, ihre Unverbrüchlichkeit zu unterstreichen.

Und dennoch distanziert auch er sich vom Schicksal der Juden. Wie Markus, ja noch schärfer als er, deutet Matthäus die Niederlage als Gottes Strafgericht wegen der Ablehnung der Boten Gottes, der Propheten, des Messias Jesus und seiner Boten. Obschon die Juden in einzigartiger Weise zur königlichen Feier, der messianischen Hochzeit, eingeladen waren, Jesus ebenso wie seine ersten Jünger sich ausschließlich an sie gewendet haben, sind sie nicht gekommen. Ihre Zeit ist darum nun vorbei und die der Heidenmission gekommen. Nicht nur der Weinberg, das Gottesreich selbst ist ihnen weggenommen und einem anderen „Volk" gegeben (vgl. Mt 21,43). Denn Pharisäer und Schriftgelehrte haben das Reich der Himmel vor den Menschen verschlossen, weil sie selbst nicht hineinkommen und es darum auch anderen nicht gestatten (Mt 23,14). So hat denn Petrus des Himmelreiches Schlüssel bekommen, ist er, der den Messias erkannt und bekannt hat, zum Fels geworden, auf dem die Kirche gebaut wird (Mt 16,13ff), eine Kirche, die auf Jesu Befehl aus den Heiden gesammelt, zugleich das Beste des Judentums, die Tora, wie sie Jesus eingeschärft hat, übernimmt (vgl. Mt 28,19 f). Gewiß, auch Juden können in diese Kirche eintreten, sind in ihr. Aber nur so bleiben sie im Weinberg Gottes, in dem, verborgen wie der Same im Acker, Gottes Reich präsent ist.

Klingt auch bei Matthäus nur an, aus welcher bitteren Erfahrung mit jüdischen Instanzen der Antijudaismus wächst (vgl. nur Mt 23,34 f), so läßt uns das lukanische Doppelwerk einen Blick in diese Auseinandersetzungen und ihren historischen Hintergrund werfen [18]. Die zahlreichen Konflikte nämlich, die die Zeugen Jesu mit ihrer messianischen Predigt in den Synagogen auslösen, führen immer wieder zu Auseinandersetzungen vor den staatlichen Behörden und Gerichten. Dies deutet darauf hin, daß die objektive Gefahr, die gerade messianische Unruhen für die Juden im römischen Weltreich bedeuteten, eine interne Regelung ebenso wenig wie das Ignorieren dieser messianischen Sektierer durch die Synagogen zuließen. Zwar zeichnet Lukas mit dem weisen Gamaliel die Gestalt einer einflußreichen Autorität, die eine für sein Interesse ideale pragmatische Haltung einnimmt (vgl. Apg 5,26 ff). Doch wird in Wahrheit diese Linie kaum vertreten worden sein, und zwar weil sie wegen der Selbstgefährdung nicht vertreten werden konnte. Wir wissen aus anderen Beispielen nur zu genau, daß die Römer bei geringstem Verdacht auf messianische – für sie potentiell aufrührerische – Mitglieder oder Sympathisanten in Synagogengemeinden rücksichtslos ganze Gemeinden vertreiben und völlig unbeteiligte Personen verfolgen konnten, gleichviel ob es sich um wirkliche Aufrührer oder völlig gewaltlose Idealisten handelte. So stellt Lukas denn auch das Verhalten der jüdischen Autoritäten gegenüber den Predigern des Evangeliums zumeist ganz anders als das des Gamaliel, nämlich als denunziatorisch dar. Ja, sie denunzieren etwa in Thessalonien Paulus und Silas vor den Behörden als solche, „die den Erdkreis in Aufruhr versetzt haben“, bereits Sympathisanten in der Stadt gefunden haben und „gegen die Verordnungen des Kaisers handeln, indem sie sagen, ein anderer sei König: Jesus“ (Apg 17,6 f). Gewiß, diese Darstellung wird tendenziös und polemisch verzerrt sein. Gleichwohl dürfte sie das Klima der Auseinandersetzungen historisch getreu wiedergeben. Denunziationen – selbst wenn sie nicht von Juden ausgingen – waren in jedem Fall die beständige Gefahr der messianischen Bekenner und das messianische Bekenntnis in diesem denunziatorischen Klima die beständige Gefahr der Synagogen. Die zahlreichen Vertreibungen der Apostel, von denen die Apostelgeschichte berichtet, die Verfolgungen der Boten von Stadt zu Stadt, die Matthäus erwähnt (23,34), die synagogalen Bestrafungen (vgl. Mk 13,9) und was an Schrecklichem mehr berichtet wird – all das wird nach 70 n. Chr., wenn nicht an der Tagesordnung, so doch keineswegs ungewöhnlich gewesen sein. Wenn darum im Johannesevangelium Kaiphas im Hohen Rat zur Vorbereitung des Verfahrens gegen Jesus sagt, es sei besser, „wenn ein Mensch für das Volk stirbt, damit nicht das ganze Volk umkommt“ (11,50), so hat dies zwar auch eine besondere theologische Bedeutung in diesem Evangelium; doch wird wohl nicht selten die tragische Situation, die Zwangslage von Synagogenvorstehern, ganz ähnlich ausgesehen haben, wie die sowieso vorhandene Bedrohung durch „Christen“ noch verschärft wurde. Damit behaupte ich nicht, daß die Abwehrmaßnahmen der Synagogen zumeist oder auch nur häufig für die „Christen“ den Tod bedeutet haben. Das war ganz gewiß nur in Ausnahmefällen so, während üblicherweise sehr viel mildere Reaktionen gewählt worden sein dürften. Tatsächlich traf dies alles auch kaum alle messianischen Christusgläubigen, sondern nur oder jedenfalls hauptsächlich Juden bzw. Proselyten, die sich zu Jesus als Messias bekannten, und zwar demonstrativ in den synagogalen Gottesdiensten. Nur über sie können ja auch synagogale Strafen oder der Ausschluß aus der Synagoge (vgl. Joh 9,22; 12,42; 16,2) verhängt werden. Nur sie können von Synedrien, jüdischen Gerichten also, verurteilt werden. Und eine Kapitalgerichtsbarkeit stand ihnen nicht zu. Umgekehrt ging aber natürlich gerade von messianischen Juden die größte Bedrohung der Synagogen aus, und zwar auch deswegen, weil sie, wie gerade Lukas des öfteren berichtet, nichtjüdische Sympathisanten der Synagogen, zumal Frauen aus höheren Kreisen, die für die Synagogen einen nicht unbedeutenden politischen Schutz darstellten, für die „Christen“ gewinnen konnten.

So gewinnen wir aus der Apostelgeschichte nicht nur einen Eindruck von den historischen Dimensionen des Konflikts, sondern damit auch von den realen Ursachen des theologischen Antijudaismus, den auch Lukas vertritt. Trotz der objektiv gleichen Bedrohung, ja, gerade ihretwegen ist eine Solidarität zwischen Christen und Juden, zwischen der Kirche und dem Gottesvolk, nicht zustandegekommen. Vielmehr hat diese historische Situation die Trennung verschärft, ja, in gewisser Weise überhaupt erst die Bedingungen geschaffen, daß Judentum und Christentum zu Religionsgemeinschaften wurden, die sich gegenseitig ausschlossen. Der Weg von den lukanischen Christen – einer bedrohten und rechtlich höchst ungesicherten Minorität – bis zum Christentum der nachkonstantinischen Zeit ist allerdings noch sehr weit; und die Veränderungen, die auf diesem Weg, vor allem aber danach an den Christen stattfanden, sind ebenso beträchtlich wie bedenklich. Umgekehrt wäre es freilich naiv zu meinen, es führte ein Weg für die heutigen Christen hinter Lukas zur Unschuld des Paulus zurück. Gleichwohl ist die Alternative des Paulus, der messianische Glaube **ohne** Antijudaismus, der einzige Weg, der heute weiter führt, und zwar mit Lukas, Matthäus und Markus.

Anmerkungen

[1] G. Scholem, Zehn unhistorische Sätze über Kabbala, in: ders., Judaica 3. Studien zur jüdischen Mystik, 1977[2], 264-271: 264.

[2] J. B. Metz, Ökumene nach Auschwitz. Zum Verhältnis von Christen und Juden in Deutschland, in: Freiburger Rundbrief 30, 1978, 7-13: 12.

[3] So hat der „Reichsbruderrat" in seinem „Wort zur Judenfrage" (1948) formuliert: „Daß Gott nicht mit sich spotten läßt, ist die stumme Predigt des jüdischen Schicksals, uns zur Warnung, den Juden zur Mahnung, ob sie sich nicht bekehren möchten zu dem, bei dem allein auch ihr Heil steht", und gemeint, „daß Gottes Gericht Israel in der Verwerfung bis heute nachfolgt, ist Zeichen seiner Langmut" (dokumentiert von R. M. Heydenreich bei: D. Goldschmidt/H. J. Kraus, Der ungekündigte Bund, 1962, 251 ff)

[4] Vgl. W. P. Eckert, N. P. Levinson, M. Stöhr (Hrg.), Antijudaismus im Neuen Testament? Exegetische und systematische Beiträge; 1967; K. Stendahl, Judentum und Christentum, in: Evangelische Kommentare 2, 1969, 73 - 78.

[5] Vgl. U. Wilckens, Das Neue Testament und die Juden, in: Evangelische Theologie 34, 1974, 602 - 611.

[6] Vgl. dazu E. Fleischner (Hrg.), Auschwitz: Beginning of a New Era? Reflections on the Holocaust, New York 1977; P. M. van Buren, Wie sind die Apostolischen Schriften heute auszulegen?, in: Freiburger Rundbrief 30, 1978, 83-89.

[7] Vgl. A. Siirala, Luther und die Juden, in: Lutherische Rundschau 14, 1964, 427-452: 427.

[8] Vgl. den Beitrag von I. Greenberg in: E. Fleischner, Auschwitz, sowie P. M. van Buren (Anm. 6).

[9] Vgl. R. Ruether, Nächstenliebe und Brudermord. Die theologischen Wurzeln des Antisemitismus, 1978 (engl. Original 1974); ein wertvoller Beitrag zur Diskussion jetzt von H. Thyen, Exegese des Neuen Testaments nach dem Holocaust, in: R. Rentorff/E. Stegemann (Hrg.), Auschwitz - Krise der christlichen Theologie. Eine Vortragsreihe, 1980.

[10] Metz a.a.O. 10.

[11] Metz a.a.O. 11.

[12] Vgl. P. von der Osten-Sackens Nachwort zu Ruether (S. 244 ff).

[13] Ruether a.a.O. 93ff.

[14] Vgl. meinen Beitrag „Der Jude Paulus und seine antijüdische Auslegung" in: R. Rentorff/E. Stegemann, Auschwitz.

[15] Vgl. H. Kremers, Judenmission heute?, 1979, 45f, zu Röm 9-11. Insgesamt: L. Steiger, Schutzrede für Israel. Römer 9-11, in: Fides pro mundi vita. Missionstheologie heute, H.-W. Gensichen zum 65. Geburtstag, hrg. v. T. Sundermeier, 1980, 44-58.

[16] Vgl. E. M. Smallwood, The Jews under Roman Rule, Leiden 1976.

[17] Vgl. dazu meinen Beitrag „Von Kritik zur Feindschaft. Eine Auslegung von Markus 2, 1-3,6" in: W. Schottroff/W. Stegemann, Der Gott der kleinen Leute. Sozialgeschichtliche Auslegungen, Bd. 2, 1979, 39-57.

[18] Für das Folgende stütze ich mich auf eine bisher unveröffentlichte Arbeit meines Bruders W. Stegemann, Umkehr zum Leben. Eine sozialgeschichtliche Auslegung des lukanischen Doppelwerks, vgl. im übrigen zur lukanischen Christologie und ihren deutlich politischen Implikationen: J. H. Yoder, The Politics of Jesus, Grand Rapids, Michigan, 1972, 26ff.

Kain und Abel
Pinchas Lapide

Der Bericht vom ersten Brudermord ist ein Mythos – so behaupten die Anthropologen und Religionswissenschaftler.
Er ist Teil der Heiligen Schrift – so entgegnen gläubige Juden und Christen.
Was beiden Aussagen gemeinsam ist, bleibt die unveraltete Relevanz dieser Geschichte, die nicht nur eine Botschaft an uns alle enthält, sondern auch eine Offenbarung letzter Wahrheit beinhaltet – hinter aller irdisch-alltäglichen Wirklichkeit.

Wie unauslotbar muß doch diese Wahrheit sein, über die unsere Weisen seit Jahrtausenden nachgedacht, gepredigt und gedeutet haben, ohne auch nur im geringsten die Betroffenheit zu schmälern, die dieser kurze Text bis heute in jedem aufgeschlossenen Hörer auslöst.

Doch ehe wir den Wortlaut unter die rabbinische Lupe nehmen, möge die Schrift selbst zu Wort kommen.

„Und Adam erkannte sein Weib Eva, und sie ward schwanger und gebar den Kain und sprach: ‚Ich habe einen Mann gewonnen mit dem Herrn' und sie fuhr fort und gebar Abel, seinen Bruder, und Abel war ein Schäfer, Kain aber war ein Ackersmann. Es begab sich aber nach etlicher Zeit, daß Kain dem Herrn Opfer brachte von den Früchten des Feldes. Und Abel brachte auch von den Erstlingen seiner Herde und von ihrem Fett. Und der Herr sah gnädig an Abel und sein Opfer, aber Kain und sein Opfer sah er nicht gnädig an. Da ergrimmte Kain sehr, und seine Gebärde verstellte sich. Da sprach der Herr zu Kain: „Warum ergrimmst du, und warum verstellt sich deine Gebärde? Ist's nicht also, wenn du fromm bist, so bist du angenehm. Bist du aber nicht fromm, so ruhet die Sünde vor der Tür, und nach dir hat sie Verlangen. Du aber herrsche über sie." Da redete Kain mit seinem Bruder Abel, und es begab sich, da sie auf dem Felde waren, erhob sich Kain wider seinen Bruder Abel und schlug ihn tot.

Weiter in der Übersetzung Bubers: *Er sprach zu Kain: „Wo ist Hebel, dein Bruder?" Er sprach: „Ich weiß nicht. Bin ich meines Bruders Hüter?" Er sprach: „Was hast du getan? Horch, das Blut deines Bruders schreit zu mir aus dem Acker und nun: Verflucht seiest Du hinweg vom Acker, der den Mund aufmachte, das Blut deines Bruders von deiner*

Hand zu empfangen. Willst du den Acker bebauen, nicht gibt er dir fortan seine Kraft. Schwank und schweifend mußt du auf Erden sein." Kain sprach zu ihm: „Allzu groß zum Tragen ist meine Schuld. So vertreibst Du mich heute vom Acker. Vor Deinem Angesicht muß ich mich bergen. Schwank und schweifend muß ich auf Erden sein. Es muß geschehen: Wer mich findet, wird mich erschlagen." Er sprach zu ihm: „So denn, wer Kain erschlüge, siebenfach würd es geahndet." Und Er setzte Kain ein Zeichen, daß ihn nicht, wer ihn fände, erschlüge. So ging Kain von seinem Angesicht, wohnte im Lande Nod, östlich von Eden.

Wir nehmen jeden Vers unter die Lupe und versuchen, aus diesem unendlich wortkargen, lakonischen Bericht all das herauszulesen, was sich ihm entnehmen läßt.

Der erste Vers lautet: „Adam aber hatte sein Weib Eva erkannt, und sie ward schwanger und gebar Kain und sprach: ‚Ich habe einen Mann hervorgebracht mit dem Herrn' ".
So erlaubt es der Text zu übersetzen.
„Und sie fuhr fort zu gebären seinen Bruder, den Hebel", so das Hebräische; „Abel" seit Zeiten der Septuaginta." Und es war Hebel, ein Schafhirt, Kain aber war ein Ackersmann."
Vor allem wird hier ausgesagt, daß die erste Beiwohnung bereits im Paradies stattfand (nach Gen 1,28 und 3,20), daß also Sexualität keineswegs eine Folge der Sünde ist und daß Gott selbst bei jeder Menschwerdung aktiv mitbeteiligt ist. Mit den Worten der Rabbinen: „Drei sind bei jeder Geburt Teilhaber: Jahwe und die Eltern". Wobei nicht zufällig hier das Tetragramm, der unaussprechliche Name Gottes, zum ersten Male in der Bibel auftaucht.
Kain ist der Name, den die Mutter ihrem Erstgeborenen voll Stolz nun gibt. Er bedeutet auf hebräisch so viel wie der Gewonnene, der Erworbene, womit ausgesagt wird, daß er die Würde des Kronprinzen hat, insbesondere für seine Mutter, als konsequente Namensgeberin im ganzen Alten Testament. (Erinnern Sie sich, auch Maria ist die, die Jesus den Namen gibt, nicht Josef, der Nährvater). Er wird also, als Erstgeborener auf dieser Erde – denn Adam wurde ja nicht geboren, sondern erschaffen – zum Inbegriff der Stärke und der göttlichen Gnade. Hebel, auf hebräisch, oder Abel, wie er seit dreiundzwanzig Jahrhunderten heißt, ist überhaupt kein richtiger Name, denn er bedeutet auf hebräisch soviel wie Hauch oder Nichtigkeit und ist eigentlich das Schlüsselwort aus Prediger Salomos, wo es wiederholt heißt, Vanitas vanitatum omne vanum est – Eitelkeit der Eitelkeiten, alles

ist eitel –, oder wie Psalm 39 sagt: „Nur ein Hauch sind alle Menschenkinder“, was mit dem Staub-zu-Staub-, Erde-zu-Erde-Motiv, mit dem ja die Paradiesgeschichte ausklingt, harmoniert.

Daß der Mensch lediglich Staub und Erde ist, die wie ein Hauch vergehen, beweist Abels Schicksal wohl am eindringlichsten. Neun Monate dauerte seine Entstehung, zwanzig oder dreißig Jahre sein Wachstum, aber nur kurze Minuten sein Sterben, dem unsere Perikope einen einzigen wortkargen Satz widmet. Hier in krassester Kürze ist das Menschenschicksal ein für allemal angeprangert.

Kain hingegen ist der Bevorzugte durch seine Erstgeburt und durch die Vorliebe seiner Mutter. Er nimmt, wie es dem Brauchtum des antiken Orients gemäß ist, alle Privilegien nun in Anspruch, auch wenn es gilt, über Leichen zu gehen. Doch mit Abel beginnt die Vorliebe Gottes für die Schwachen und die zu kurz Gekommenen, die von ihm aus wie ein roter Faden durch beide Testamente der Bibel läuft. Isaak, der Sohn der Verheißung, ist Abrahams Zweitgeborener; ebenso Jakob, dessen erste Söhne als Schwächlinge und als Rohlinge zurückgestellt werden, um Josef, dem Jüngsten, zu weichen. David ist der Geringste unter allen Söhnen des Isai, und dennoch wird gerade er zum König gesalbt. So wird schon beim ersten Bruderpaar unzweideutig ausgesagt, daß der Schöpfer des Weltalls den Hochmut, die Hierarchie, das Establishment und die Bevorrechteten entthront, (vgl. das Magnificat Marias in Lk 1,46 ff), da dieser Gott aus seinen unerschöpflichen Gründen ein Gott der Demut und der kleinen Leute sein will.

Ebenso hören wir hier von der ersten Arbeitsteilung, die, wie Karl Marx sagt, am Anfang der menschlichen Kulturgeschichte steht. Es geht hier nicht um zwei gegensätzliche, sondern eher um zwei sich ergänzende Berufe; denn Landwirtschaft ohne Viehzucht gibt es kaum auf dieser Welt, und die Prähistoriker bestätigen diese beiden Beschäftigungen als prototypisch für die Urmenschheit. In ihrer Berufswahl jedoch zeigt sich schon keimhaft der Charakter der beiden: Der sanfte Abel wird Hirte –, ein Wort, das später zum Synonym für Gott, für David und dann auch für Jesus wird, alles vom Psalm 23 ausgehend, wo es heißt: „Gott ist mein Hirte“. Der gute Hirte wird ein Synonym für Moses, dann König David und, wie Sie wissen, für Jesus auch. Kain hingegen setzt sich über all dies hinweg: daß der Acker schon seit Adams Sünde (Gen 3,17) verflucht ist –, worin Raschi, der größte Kommentator des jüdischen Mittelalters, bereits eine gewisse Rohheit des Kain herausspürt:

„Es geschah nach Verlauf einer gewissen Zeit, da brachte Kain Ihm von der Frucht des Erdbodens eine Gabe, aber Hebel brachte gleichfalls dar von der Erstgeburt seiner Schafe und von ihren Fetten. Da wandte Er sich zu Abel und seiner Gabe." (Gen 4,3-4).

Für das Opfern wird in der Bibel keine göttliche Einsetzung angenommen. Das Opfer als Brauchtum erwuchs spontan. So sagt uns die Bibel, ohne es zu sagen: Aus der Arbeit, bei der der Mensch zwar sein Bestes hineinsteckt, deren Zuwachs und Segen er jedoch einer höheren Macht zuschreiben muß. Dies fühlt er sich gedrängt, in der Gabe des Opferns als Zeichen des Dankes auszudrücken. Daher übersetzt Martin Buber die abgeschliffene Wortmünze „Opfern" völlig undeutsch aber gut hebräisch mit dem hebraisierenden Ausdruck „Darnahung". Auf Hebräisch heißt „Opfer" ein Mittel, um Gott näherzukommen, indem der Opfernde Dank sagt durch das Darbringen der Frucht seiner Hände.

Der Midrasch (die jüdische Auslegung) läßt Adam seine Söhne ersuchen, sie mögen am 14. Tag des Monats Nissan das Neujahrsopfer darbringen – das ist der „Seder"-Abend, der Jahresbeginn des Bibelmenschen ? „auf daß der Schöpfer an euch Wohlgefallen habe". Und so bringt jeder der beiden die Gabe, die seinem Beruf entspricht, doch welch ein Unterschied! Kain opfert lediglich – so die Rabbinen – Abfälle, dürre Früchte und alte Leinsamen. Wieso wissen das die Rabbiner? Weil hier einfach steht, er brachte von der Frucht des Erdbodens, völlig nichtssagend, oder wie der Midrasch es verdeutlicht: So wie ein böser Gärtner die Frühfrüchte für sich selber behält und dem König nur die Spätlinge gibt. Er war ja auch nach seiner Mutter geraten, sagen die Rabbinen, sie griff ja auch nach der Frucht, nämlich der Frucht des Baumes, aus der dann die Lateiner den Apfel gemacht haben.

(Sie wissen vielleicht, daß es im Grundtext überhaupt keinen Apfel bei der Eva gibt. Es ist ganz interessant zu wissen, wie die Eva zu ihrem Apfel gekommen ist: In der lateinischen Übersetzung, der Vulgata, heißt es drei Sätze später, daß die Schlange der Eva einflüstert: „Und ihr werdet sein wie Gott, wissend das Gute und das Böse". (Gen 3,5) Und das heißt auf Lateinisch: „Et eritis sicut deus scientes bonum et malum." Das letzte Wort „malum" kann sowohl Böse als auch Apfel heißen! Hierauf haben die Lateiner mit ihrer Art von Midraschkunst den „malum" drei Sätze zurückkatapultiert. Seit damals hat die Eva ihren Apfel, wie Michelangelo,

Tintoretto und hunderte anderer Maler es bildlich darstellen. Aber einen Apfel hat sie nach dem Text der Bibel nicht gehabt.)

Der „Sohar“, das Grundbuch der Kabbala, der jüdischen Mystik, geht sogar noch einen Schritt weiter und sagt, erst habe Kain seine Mahlzeit gegessen und dann erst, nachdem er seinen Hunger gestillt hatte, opferte er Gott die Überreste. Abel hingegen – und hier sehen Sie den klaren Kontrast – brachte von den Erstlingen seiner Herde: alle ungeschorenen Lämmer, so heißt es. Die Chassidim lesen aus dem hebräischen Text anders. Dort steht „Hebel hiwei gam Hu“, was man eigentlich übersetzen sollte „und auch Abel brachte“, was aber auch gelesen werden kann: „und er brachte sein Selbst dar“. Hieraus folgern die Chassidim, nur, wer sich selbst als Opfer mit darbringt, dessen Opfer gilt vor Gott.

Doch nun kommen wir zum großen Rätsel der Perikope, die das Drama auslöst (4,5).

„Aber zu Kain und seiner Gabe wandte Er sich nicht. Das verdroß Kain sehr, und sein Antlitz senkte sich.“

Warum Gott Abels Opfer annimmt und das des Kain verwirft, wird mit keiner Silbe angedeutet. Der Hebräerbrief (11,4) sagt zwar Jahrtausende später: „Durch Glauben brachte Abel ein wertvolleres Opfer dar als Kain. Durch ihn erhielt er das Zeugnis, gerecht zu sein, indem Gott bei seinen Gaben Zeugnis ablegte.“ Zwar fällt es auf, daß nur Abel die Erstlinge darbringt, Kain aber keine Erstlingsfrüchte, die den ungeschorenen Schafen entsprochen hätten. Aber wenn wir uns aller Hineinlesung enthalten, so muß ganz offen zugegeben werden, daß hier kein Grund gegeben wird dafür, daß der eine von Gott angesehen wird, der andere aber nicht. – Ich glaube, das deutsche Wort „angesehen“ kommt aus dieser Bibelübersetzung, denn Gott sah ja das Opfer des Hebel an. „Angesehen“ also nicht so sehr von Menschen, als von Gott mit all der übertragenen Bedeutung, die das deutsche Wort besitzt. Mit anderen Worten: die ewige Frage der Theodizee, die hier zum erstenmal keimhaft auftaucht, soll unerklärt bleiben. Sie wird weder übertüncht, noch mit Frömmelei abgewimmelt, sondern sie bleibt offen in all ihrer schicksalhaften Unergründlichkeit bis auf den heutigen Tag. Anders gesagt: es gilt noch immer das Wort aus dem Buche Exodus, das Paulus im Römerbrief zitiert und Gott sagen läßt: „Wessen ich mich erbarme, dessen erbarme ich mich. Wem ich Gnade zeigen will, dem zeige ich Gnade“ (Röm 9,15 = Ex 33,19), und kein Menschensinn kann Gottes

Vorliebe ergründen, beweisen oder widerlegen.

Kains Schuld – sein Geiz, sein Egoismus, sein Übermut – all dies bleibt exegetischer Scharfsinnigkeit oder mündlicher Überlieferung überlassen. Der wortkarge Text weigert sich standhaft, die Moralisten zu befriedigen. Und so empört sich Kain sichtlich, wie es die Bibel immer so plastisch will, „er entbrannte sehr" (was man an der Röte seines Gesichts sah), und „sein Gesicht senkte sich". Was heißt das? Das heißt, er kann sich weder mit Gott konfrontieren, noch seinem Bruder ins Gesicht schauen. Auch hier versuchen etliche Kommentatoren aus der Empörung zu folgern, daß er schon vorher nicht in der richtigen Geistesverfassung war. Aber was der Text besagt, ist, daß Kain bislang nicht der Böse, noch der Sünder ist, sondern eigentlich der Benachteiligte, dem es um sein Recht geht. Aber um zu dem zu kommen, was ihm nach seiner Meinung zusteht, nämlich der ausgebliebene Segen, richtet sich seine Empörung nicht auf den, der sie verursacht – nämlich Gott –, sondern er hält sich an den Unschuldigen, der in Reichweite ist, sein eigener Bruder. Und in diesem Kurzschluß, der ihn bald darauf zum Mörder macht, liegt seine eigentliche Schuld, wie es einige Rabbinen erklären (Gen 4,6). Da sprach er zu Kain: „Warum verdrießt es dich und warum ist dein Antlitz gesenkt?" Hier stellt Gott eine mahnende Frage an Kain, die schon vorwurfsvoll klingt, denn sein Verdruß wird bereits hier ziemlich klar mißbilligt. Der Unterschied gegenüber Adams Vergehen ist es, daß Gott die Tat vorher verboten hatte und, nachdem sie begangen wurde, als Richter auftritt. Hier hingegen ergeht eine warnende Rede Gottes, die vor der Tat dieser vorzubeugen sucht. Rabbi Meir von Ger, einer der Chassidim, deutet die Frage Gottes durch einen Zusatz. Er läßt Gott sagen: „Warum senkst du deinen Blick? Weil ich deine Gabe nicht angenommen habe, oder weil ich die deines Bruders angenommen habe? Ist es deine Zurücksetzung also, oder eher die Bevorzugung deines Bruders, die dich grämt?".

Der nächste Satz gilt als der dunkelste im ganzen Buche Genesis. Er wurde bis heute nicht völlig erläutert, wird aber seit ungefähr dreiundzwanzig Jahrhunderten in folgendem Sinne wiedergegeben: „Nicht wahr, wenn du fromm bist, bist du angenehm", so Luther. „Bist du aber nicht fromm" – und fromm ist hier eine sehr hinkende Übertragung –, „so lauert die Sünde vor der Tür, die nach dir giert. Du sollst aber Herr über sie werden."

Wir wollen uns hier nicht in philologische Haarspaltereien verlieren, sondern das hier gestellte Problem in seiner Ganzheit überschauen. Die hebräische Bibel ist realistisch, pessimistisch ist sie keineswegs. Der erste Mensch, der einen Bruder hatte, schlug ihn tot. Und der Brudermord, für den die Bibel jedweden Menschenmord hält, (Gen 9,5) wie sie es ausdrücklich sagt, hat bis heute nicht aufgehört. Kain und alle seine Nachfahren hatten aber die Wahl. In plastischer Ausdrucksweise erzählt uns das Buch Genesis von der Sünde, die vor der Türe – und die Rabbinen sagen „vor der Herzenstüre“ – lauert und nach dir giert wie ein Raubtier, das jede Beute anzuspringen bereit ist, um sie in ihren Griff zu bekommen. Zugleich weiß die Bibel aber auch um die Menschenkraft und um den göttlichen Auftrag, dieser Sünde zu begegnen. Sie sagt es in vier hebräischen Worten: „Du aber sollst Herr werden über sie“. Das beweist sowohl die Kraft des Menschen, es zu tun, als auch den Auftrag Gottes, es zu sollen.

Im 5. Buch Moses (Dtn) heißt es entsprechend von dieser Freiheit eines Judenmenschen, wie Martin Luther vielleicht gesagt hätte: „Leben und Tod habe ich euch vorgelegt, Segen und Fluch. So erwähle nun das Leben, auf daß du am Leben bleibest, du und deine Nachfahren.“ (Dtn 30,19). Nicht in den Sternen steht‘s geschrieben, noch in der Erbsünde ist es vorausbestimmt und schon gar nicht in der Biologie wird es programmiert, sondern der Mensch selbst kann das Steuer ergreifen, um das Ziel anzuvisieren, das er zu erreichen gedenkt. Er allein trägt die volle Verantwortung, weil ihm eben die Wahl gegeben ist: nach Auschwitz oder zum Himmelreich, zum Weltfrieden oder zum letzten Weltkrieg. Beide Wege stehen dem Menschen offen, der verurteilt wurde, frei zu sein, und jeden Tag neu wählen muß zwischen Leben und Tod, Gut und Böse, zwischen Fluch und Segen. So wissen wir es aus der Weltpresse, so steht es unverkennbar hier breits bei Kain und Abel. Auf die unumgehbare Frage, woher Kain das Böse habe, lautet seit Augustins Lehre von der Erbsünde die christliche Antwort: von Adam, in dessen Sündenfall die ganze Menschheit sündigte.

Auf die zweite Frage, wie dieser Urmakel denn übermittelt worden sei, behauptete der Kirchenvater Augustinus, er pflanze sich im Zeugungsakt auf die Kinder fort. So wurde also Kain, laut Augustinus, durch Adam schon vor seiner Geburt verderbt, und so gehe es weiter durch die Kette aller Generationen bis auf den heutigen Tag. Hier kam nicht nur der Schuldkomplex zur Welt, der bei Luther dann in die Rechtfertigungslehre ausmündet, sondern alle Sexualität wurde schon a priori verteufelt als der fleischliche Kanal zur Sündenvererbung. Die Antwort der Rabbinen auf diese Leibfeindlichkeit bestand vor allem im Hinweis auf den Anfang des normalen Ehelebens, das das erste Menschenpaar bereits im Paradies – also vor ihrem

Sündenfall – geführt hatte; auf das göttliche Wort hin: „Nicht gut ist es, daß der Mensch allein sei“ (Gen 2,18) und nicht zuletzt, auf den Fruchtbarkeitsauftrag des Schöpfers hin: „Seid fruchtbar und mehret euch und füllet die Erde“. (Gen 1,28) Aber vor allem die rabbinische Lehre von den beiden Trieben, die schon im Gebot der Gottesliebe angedeutet wird: „Und du sollst deinen Herrn lieben mit ganzem Herzen“. So sagt es auch Jesus (Mk 12,29 ff), als man ihn nach seinem Glauben fragt, und er wortwörtlich aus dem Credo Israels in Dtn 6,4 zitiert. Interessant ist es, daß dort das Wort für Herz, auf hebräisch lebbaw, mit einer Verdoppelung des hebräischen Buchstabens Beth geschrieben wird. Herz heißt auf hebräisch leb, kann aber verdoppelt werden zu lebbaw. Da fragen die Rabbinen, warum hier „Herz“ mit zweimal b steht, wo doch mit einem b Genüge getan wäre. Die Antwort der Rabbiner nach jahrhundertelangem Nachsinnen lautet: „Das Herz besteht aus zwei Teilen: das ist ein guter und ein böser Trieb. Du sollst Gott mit beiden Trieben dienen, dem guten und dem bösen“.

Die Weisen Israels – und jetzt kommen wir zu dieser Zweitriebslehre, die wie die Antithese zur Erbsündelehre anmutet – haben Gut und Böse nicht zu Engeln und zu Teufeln inkarniert, noch Prügelknaben in der Hölle für ihre eigenen Verfehlungen gesucht. Nicht der Böse, sondern **das** Böse im eigenen Herzen treibt zum Neid, zum Haß und zum Mord. So ist also die zwischenmenschliche Harmonie, die Kain und Abel hier verletzen, der Schalom, aus rabbinischer Sicht die Frucht eines lebenslänglichen Kampfes zwischen dem guten und dem bösen Trieb; ein Kampf, der keinem von uns erspart bleibt. Ein Kampf, so die Rabbinen, an dem der Mensch heranreifen soll in seiner Menschwerdung, in seiner Mündigkeit, um wahre Menschlichkeit zu erringen. „Wer ist ein Held?“ fragt Ben Zowa, ein Zeitgenosse Jesu, und antwortet: „wer, ungleich Kain, seinen Trieb bezwingt.“ Bezwingen muß keineswegs Besiegen heißen, sondern eher verwandeln oder sublimieren (im Sinne einer Tiefenpsychologie, die fast zweitausend Jahre älter ist als Sigmund Freud). „Wenn du fragst“, so eine Stelle aus dem Talmud, weshalb hat Gott den bösen Trieb erschaffen und wer kann ihn denn gutmachen?“, so sagt „Er“ zu dir: „Du selbst machst ihn böse. Als Kind hast du ja nicht gesündigt“. – Der berühmte Satz „Das Trachten des Menschen ist böse von Jugend auf“ (Gen 8,21) betont: „Jugend“, das heißt von vierzehn Jahren ab (oder dreizehn) und das bedeutet auf hebräisch: Pubertät. Nicht von Geburt! Wenn das Trachten des Menschen von Geburt an böse wäre, hieße es auf gut hebräisch: „Das Trachten des Menschen ist böse vom Mutterleib an.“ Das steht nicht da. Dort ist die Pubertät mit all der

Ambivalenz der Sexualität gemeint. – „Du selber machst ihn böse; als Kind hast du ja nicht gesündigt. Wendest du nun ein, der Mensch kann sich nicht vor sich selber schützen, so sagt Gott zu dir: „Es gibt viel härtere und bitterere Dinge auf Erden als den bösen Trieb und ihr macht sie süß", – also: ihr veredelt sie, – „solltest du den dir überantworteten Trieb nicht versüßen können? (Abot R.N. 17) Ein kühner Midrasch sieht gerade in dieser Versüßung des Aggressionstriebes die göttliche Herausforderung an den Menschen. Rabbi Samuel sagte: „Und siehe, es war gut", wie es fünfmal bei der Schöpfung in Genesis heißt, „das meint: den guten Trieb. Zum Schluß der Schöpfung, am sechsten Tag, als die Menschen zur Welt kamen, heißt es: ‚Und siehe, es war sehr gut'. Das meint den bösen Trieb." Ist denn der böse Trieb sehr gut? Da staunen alle. Und hierauf antwortet Rabbi Samuel: „Es will dich lehren, daß ohne bösen Trieb keiner ein Haus baut, eine Frau ehelicht, Kinder zeugt, Handel getrieben hätte oder Bücher schreibt. (Gen R 9) Anders gesagt, der sogenannte böse Trieb ist wesenhaft zweideutig, lebensfördernd oder lebenshemmend. Er kann zum Fortschritt führen oder zum „Schritt-fort", weg von Gottes Schöpfungsordnung, zurück zum Tohuwabohu vor dem Weltenanfang. Wie klar die Rabbinen das vorausgesehen haben, beweist Konrad Lorenz, neunzehnhundert Jahre nach Rabbi Samuel, der zu diesem angeblichen bösen Aggressionstrieb des Kain sagt: „Überblicken wir alles in umfassender Zusammenschau, so erscheint uns die Aggression durchaus nicht als der Teufel, als das vernichtende Prinzip, ja nicht einmal als Teil von jener Kraft, die stets das Gute will und stets das Böse schafft, sondern ganz eindeutig als Teil der lebenserhaltenden Organisation aller Wesen, der zwar wie alles Irdische in Fehlfunktionen verfallen und Leben vernichten kann, der aber doch vom großen Geschehen des organischen Werdens her zum Guten bestimmt ist." Anders gesagt: Böse wird dieser Trieb erst dann, wenn man ihn gewähren läßt oder ihn vernachlässigt, denn dann nistet er sich im Herzen ein, wobei er nach rabbinischer Sicht in drei Wandlungen wächst und wuchert. Das rabbinische Gleichnis stützt sich dabei auf die Parabel, die der Prophet Nathan vor König David erzählt. Und so fragt Rabba im Talmud: „Anfangs ein Wandersmann, später ein Gast, am Ende der Hausherr und Gebieter, Wer ist das?" Und die Antwort: „Der sogenannte böse Trieb, der auf keinen Widerstand stößt, wie es bei Kain geschah." – Das als Antwort auf Augustinus und die gesamte Erbsünde, die hier keimhaft angelegt sei.

Im nächsten Vers wird der Höhepunkt erreicht (Gen 4,9): „Da redet Kain mit seinem Bruder Abel und es begab sich, als sie auf dem Felde waren, da stand Kain gegen seinen Bruder Abel auf und schlug ihn tot."

Es gehört zum Urgestein des Menschentums, daß der erste Dialog auf Erden ein Religionsgespräch war, das zum ersten Brudermord geführt hat. Steht hier nicht der Prototyp, das traurige Vorbild zweitausendjähriger jüdisch-christlicher Auseinandersetzung im wörtlichen Sinne dieses anschaulichen Ausdrucks: Auseinandersetzung?! Dieses Wort, das sowohl die ursprüngliche Zusammengehörigkeit als auch das Sichlossagen vom Bruder voraussagt; eine gegnerische Abgrenzung, die nur in der Widerlegung oder Beseitigung des anderen die eigene Sache zu begründen weiß! Denn nicht wer Gott mehr liebt, war der eigentliche Streitgrund der Brüder, sondern **wen** Gott mehr liebe. War das nicht auch der casus belli zwischen Kirche und Synagoge? Martin Buber mußte wohl daran gedacht haben, als er schrieb: „Gott ist das Beladendste aller Menschenworte. Keines ist so arg besudelt, so zerfetzt worden. Die Geschlechter der Menschen haben die Last ihres Lebens auf dieses Wort gewälzt und es zu Boden gedrückt. Sie haben dafür getötet und sind dafür gestorben. Es trägt ihrer aller Fingerspuren und ihrer aller Blut. Sie zeichnen Fratzen und schreiben ‚Gott' darunter. Wir müssen diejenigen achten, die es verpönen, weil sie sich gegen das Unrecht und den Unfug auflehnen, die sich so gern auf die Ermächtigung durch Gott berufen, aber wir dürfen es nicht preisgeben."

Eines betonen alle Kommentatoren in dieser lakonisch kurzen Wortnotiz, die auf sechzehn Worte reduziert ist: dem Blutvergießen ging ein Streit in Form eines Wortwechsels voraus. Da der Gegenstand dieser Disputation verschwiegen wird, ist natürlich Tür und Tor der frommen Spekulation geöffnet. Es sei um eine Lappalie gegangen, die jedoch im Laufe des Aufbrausens bald überdimensional übertrieben wurde. Ebenso wie später Jerusalem, nach rabbinischer Tradition, wegen eines eitlen Haders zwischen zwei Familien gefallen sei; ein Streit, der sich immer mehr wie eine Lawine vergrößert habe, bis ganz Jerusalem ihm zum Opfer fiel. Es sei Kains Neid gewesen, – so eine andere Schule – der die Herden seines Bruders von seinem Weideland verjagt habe. Es ging um Besitztum und die Teilung des väterlichen Erbes, und so weiter und so fort. Der Targum, die Übersetzung ins Aramäische jedoch, besteht auf der religiösen Wurzel der Bruderfehde, indem er schreibt: „Als sie beide auf dem Felde waren, sprach Kain zu seinem Bruder Abel: ‚Es gibt kein Gericht und es ist kein Richter, und es ist keine andere Welt jenseits dieser. Nicht auf Milde ist die Welt gebaut, und nicht mit Barmherzigkeit wird sie regiert. Warum nur ist dein Opfer angenommen worden und meines nicht?' Da erwiderte Abel und sprach: ‚Wahrlich, es gibt ein Gericht, es gibt einen Richter, es gibt jenseits dieser Welt eine andere, es gibt Lohn für die Gerechten und Strafe für die Gottlosen. Wohl ist die Welt auf Milde gebaut und durch Milde wird sie geleitet, aber meine Taten waren milder als deine.‘ Da Kain dies hörte, wurde er zorniger. Er sprach zu Abel: ‚Du sprichst, es gibt noch eine andere Welt? Wohlan, wir wollen uns dann untereinander teilen. Ich für meinen Teil nehme das Diesseits, und du für deinen Teil bekommst das Jenseits.‘ So entspann sich aus der Mitte dieser Worte eine Fehde, und es erhob sich Kain und schlug seinen Bruder tot.“ Nach einer anderen Haggada habe Kain seinen Bruder gefragt, wer ihn wohl rächen sollte, wenn er ihn jetzt erschlüge. Abel habe darauf mit einem Hinweis auf die Vergeltung Gottes geantwortet. „Wenn du mich heute tötest, siehe, Gott kennt alle Verstecke, und er wird dich richten für das Übel, das du an mir begehen willst.“ Aber Kain sei darüber zornig geworden und habe seinen Bruder erschlagen, „um seiner Reden willen.“ Kain, der Mensch des Diesseits, der kein Jenseits und keine Verantwortung vor Gott kennt. Kain ist nach dieser uralten Legende ein Vorläufer von Feuerbach, Karl Marx und Sigmund Freud gewesen. Für diesen Kain und alle späteren Verkünder der unbedingten Immanenz war religiöses Denken allerdings nur Oberbau über dieser Welt, oder wie Heinrich *Heine*, ein später Nachkomme dieser Brüder, es in Worte kleidet:

„Ein neues Lied, ein bessres Lied, oh Freunde, will ich euch dichten,
Wir wollen hier auf Erden schon das Himmelreich errichten.
Ja, Zuckererbsen für jedermann, sobald die Schoten platzen,
Den Himmel überlassen wir den Engeln und den Spatzen.“

So auch der Kain der jüdischen Haggada. All diese Spekulationen werden herausgelesen aus zwei hebräischen Worten: „Und er redete mit ihm.“ Und die Rabbinen können ihre Neugierde nicht zügeln: Was haben sie sich wohl zu sagen gehabt?

Wie dem auch sei, die Tat wird in lakonischer Kürze ohne jedwede Emotion berichtet. Das Furchtbare wird in dürftigen Worten mit totalem Verzicht auf alle Stilistik und Schönrederei als bloßes, nacktes Faktum vor den Hörer hingestellt. Die Absicht des Erzählers scheint es nicht zu sein, uns zu erschüttern, sondern – ähnlich den SS-Berichten aus Treblinka und Majdanek – einfach festzustellen, daß so etwas durchaus im Bereich des Menschenmöglichen ist. Ein Mensch kann einen Menschen, ein Bruder kann seinen Bruder umbringen. Das Feld hier als Tatort bedeutet auf Hebräisch: die einsame, menschenleere Flur, wo die Tat nicht gesehen, und der Hilferuf nicht gehört wird, was haargenau der SS-Strategie in der Ortsbestimmung ihrer Vernichtungslager entspricht. Das Erschreckende an dem Geschehen liegt darin, daß ein Mensch, der seine Arbeit tut, pflügt, erntet, all das vollbringt, was sein Beruf verlangt und seine Gabe darbringt – zu dieser Tat imstande ist! Wie etwa Major Höss, der Kommandant von Auschwitz, der in seiner Autobiographie schildert, daß er in seiner Todesfabrik Rosen züchtete, Bach-Sonaten auf dem Klavier spielte und sonntags artig in die Kirche ging – mitten in Auschwitz!

Da sprach Er: „Was hast du getan? Horch, das Blut deines Bruders schreit zu mir vom Erdboden her." (Gen 4,10) Auch Gott antwortet wieder mit einer Frage, mit demselben Anklagevorwurf, der beim Sündenfall an Kains Vater ergangen ist. „Wo bist du, Adam?" (Gen 3,9), und an Eva erging die Frage: „Was hast du getan?" – „Wie, glaubst du, ich brauchte überhaupt noch zu fragen und wäre auf deine Auskunft angewiesen? Es gibt eine Stimme, die laut genug zu mir aufschreit: das Blut deines Bruders." Daher nimmt die deutsche Sprache seit Martin Luther den Ausdruck des „himmelschreienden" Unrechts aus diesem Vers in Genesis 4,10. Das Blut des Bruders, das zum Himmel schreit, wird zum himmelschreienden Unrecht, wobei das hebräische Verbum ‚zaak' im Gebrauch der Propheten immer für den Schrei nach Hilfe oder nach Gerechtigkeit verwendet wird. Aber warum steht hier im hebräischen Urtext der Plural für Blut? Wo doch ‚Blut' und ‚Geblüt' in der ganzen Bibel nur als Singularetantum vorkommen. Wer kann sich auf deutsch Blut im Plural überhaupt vorstellen, geschweige denn es formulieren? Doch die Talmudmeister, die überzeugt sind, daß kein Jota in der Schrift unnütz oder zwecklos vorkommt, rangen sich zu folgender Antwort durch. Weil Kain hier nicht nur das Blut seines Bruders vergoß, sondern auch das all seiner ungeborenen Nachkommen, die nunmehr infolge des Mordes nicht zur Welt kommen können, und da Kain hier stellvertretend für die ganze Menschheit auftritt, zogen die Rabbinen aus dieser Exegese eine juridische Schlußfolgerung, die insbesondere bei der Vermahnung von Zeugen bei Kapitalverbrechen vor dem Synedrion Anwendung findet. So pflegte das Synedrion in Jerusalem nach dem Talmud zu verfahren: „Sie führten die Zeugen herein und vermahnten sie vor Anfang des Prozesses eindringlich: ‚Vielleicht kommt das, was ihr aussagt, von einer Vermutung oder gar vom Hörensagen. Habt ihr es aus dem Munde eines anderen Zeugen oder irgendeines vertrauenswürdigen Menschen? Vielleicht wißt ihr nicht, daß wir in euch dringen werden durch Untersuchung und Kreuzverhör. Wisset, daß das Strafrecht nicht dem Zivilrecht gleicht. Beim Zivilrecht kann ein Mensch Geld zur Wiedergutmachung geben, und so wird ihm Sühne zuteil. Beim Strafrecht aber bleibt beim falschen Zeugen das Blut des Opfers seiner Lüge und das Blut seiner Nachkommen hängen bis ans Ende der Welt.‘ Denn so finden wir, daß es bei Kain, der seinen Bruder erschlug, heißt: Das Geblüt (also der Plural: die Blute) deines Bruders schreien zu mir auf, womit gemeint ist: sein Blut und das Blut seiner Kinder.“ Ich kann mich nicht des Verdachtes erwehren, daß die folgenschwere Stelle bei Matthäus 27,25, dergemäß das ganze Volk der Juden vor dem Richtstuhl des Pilatus einst geschrieen habe: „Sein Blut komme über uns und unsere Kinder“, Worte, die allem jüdischen Ethos und der Unvererblichkeit von Sünden, Hohn sprechen, daß dieser Satz bei Matthäus aus einer Umkehrung der Wortfolge dieser traditionellen Zeugenvermahnung entstand. Denn den Zeugen von Kapitalverbrechen in Jerusalem wurden schon vor Jesu Zeit als Abschreckung vor Falschaussagen eingeschärft, (und sie mußten es nachsprechen): „Sein Blut und das seiner Kinder“ (nämlich des Angeklagten) „komme über uns,“ woraus der Evangelist „die Kinder“ in das Ende des Satzes transponiert hat – mit dem Ergebnis der sogenannten Selbstverfluchung Israels, die zu einer der schwersten Waffen im Arsenal des Antijudaismus wurde. Doch ob dieser Vers, der das Sondergut des Matthäus ist, aus der Prozeßordnung des Synedrion stammt, oder ob er frei erdichtet wurde, ist heute nicht mehr feststellbar. Tatsache hingegen ist es, daß die Kirchentypologie schon im frühen Mittelalter Kain zum Inbegriff des Bösen gemacht hat, nur um Abel heiligzusprechen. So heißt es im 1. Johannesbrief 3,12: „Kain war von dem Argen und erwürgte seinen Bruder. Und warum erwürgte er ihn? Weil seine Werke böse waren und die seines Bruders gerecht.“ Im Hebräerbrief (11,4) wird er dann zum Vorbild des Glaubens. Bei Augustinus ist Abel „Sinnbild der Tugend und Gottergebenheit.“ Bei Matthäus wird Jesus in den Mund gelegt, mit Bezug auf das Gottesgericht, in dem die sieben Weherufe gipfeln: „Damit über euch (und das sind die Pharisäer aus Jerusalem) alles gerechte Blut komme, das auf die Erde ausgegossen wurde vom Blute Abels, des Gerechten, bis zum Blute des Zacharias, des Sohn des Berechis“. (Mt 23,35) In den neutestamentlichen Apokrypen wird hierauf der gerechte Abel zum heiligen Abel, und letztlich zur Präfiguration Christi – was unvermeintlich zur Typisierung aller Juden zum Prototyp des Brudermörders Kain führen mußte, umsomehr, als die Verfluchung Kains nach Luther „unstet und flüchtig sollst du auf Erden sein“ zur Keimzelle des Ahasveros-Mythos wurde, des zum Wanderstab verdammten Judenvolkes. So kann zum Beispiel Papst Innocenz III. anno 1207 in einer Bulle anordnen: „Auf daß Kain unstet und flüchtig auf Erden sei, setzte Gott ihm ein Zeichen auf, so daß die Juden (da sieht man den Übergang, als wäre das eine selbstverständliche Folgerung), gegen die das

Blut unseres Herrn Jesus Christus aufschreit, zerstreut und verstört über die Erde wandern, ihr Antlitz in Scham und Schande gebeugt, damit sie den Namen Christi suchen mögen.“ Daß diese Papstbulle – eine von vielen – dem Neuen Testament widerspricht und Christi Liebesbotschaft in Haß verzerrt, ist heute genauso klar wie die historische Tatsache, daß diese Verteufelung der Juden zum Kains-Volk – wie das mittelalterliche Latein sagt – zur Wegbereitung der Hitlerschen Endlösung geworden ist. Das ist heute in der wehmütigen Rückschau wohl eine der unvermeidlichen Schlußfolgerungen.

Viele der jüdischen Ausleger finden diese gängige Schwarzmalerei der Kain-Abel-Geschichte ganz unerträglich. Gegen die Verherrlichung Abels wehrt sich im 4. Jahrhundert, ganz im Sinne der Rabbinen, der Kirchenvater Ephraim Syrus, indem er kurz und bündig erklärt: „Wer behaupte, Abel sei ins Paradies versetzt worden, der lügt, wie schon Kain gelogen hat.“ Nachdem Kain seinen Bruder erschlagen hatte, erfand er, um seine Eltern zu täuschen, die Lüge, Abel sei als ein gottgefälliger Mensch ins Paradies versetzt worden, und die Wahrheit dieser Aussage werde durch die wohlgefällige Annahme von Abels Opfer bestätigt. Doch auch Entschuldiger Kains finden sich unter den Rabbinen. So sagt Rabbi Nechemia im 2. Jahrhundert: „Nicht wie das Recht der Mörder ist das Recht Kains, denn er hatte ja niemanden, von dem er es lernen konnte, daß dies eine Untat sei. Von jetzt an aber, wer Kain umbringt, wird auch umgebracht werden.“ Einer seiner Kollegen sagt: „Kain hatte noch nie gesehen, daß ein Mensch getötet wurde. Und wer war er schon, daß er vermuten konnte, die Steine, die er auf Abel warf, würden ihn umbringen?“ Man spürt die fast krampfhafte Suche nach einer Entschuldigung. Während der Targum – also die aramäische Übersetzung –, der Kain zum Begründer des Atheismus macht, keinen Schriftbeleg hat, um seine Annahme zu untermauern, können sich die Ausleger, die Kain zum Vater aller Bußfertigen machen, auf einen Bibelvers berufen. Denn nach der Verfluchung heißt es ja von Kain: Da sprach Kain zu Gott: „Ist denn meine Schuld zu groß zum Vergeben?“, was von vielen Exegeten als ein Schuldbekenntnis verstanden wird: „Ja, Du hast recht“, so wolle er sagen, „ich verdiene keine Verzeihung und unterwerfe mich dem, was nun als gerechte Strafe mich treffen wird.“ In Psalm 139, in dem die jüdische Bibel das ausspricht, was wir Gewissen nennen, kommt ein unbekannter Sünder zu Wort, von dem man nicht sagen kann, daß er sich in der Gewalt hat. Dieser Beter kennt sich und seine Möglichkeiten. Er kennt aber auch den, dessen Willen, Recht zu schaffen, er stets ausgesetzt bleibt, über den er daher auch nicht verfügen kann. So gesehen sind die Haggadoth (der Sagenkranz der Rabbinen) mit ihren ausführlichen Dialogen zwischen Gott und Kain eigentlich auch eine grandiose Auslegung von Psalm 139, der als Bußgebet des Kain gedeutet wird. So heißt es also im Midrasch: „In jeder Stunde entströmten Kains Augen Tränen und er sprach vor Gott den 139. Psalm: ‚Herr, du erforschest mich und kennest mich. Wohin soll ich gehen vor deinem Geist? Wohin soll ich fliehen vor deinem Angesicht?' " Zur Sühne aber wurde ihm angerechnet, daß er vor Gott bekannte: „Herr der Welt, größer ist meine Sünde, als daß ich sie ertragen könnte, und mir ist keine Vergebung." Hätte er dies nicht gesagt, sagen die Meister der Kabbala, so hätte Gott seine ganze Welt zerstört und eine andere geschaffen, wie er es schon siebenundzwanzigmal vor Genesis getan habe.

Daß die Umkehr, also der Anfang eines neuen Weges, nun wirklich keine traurige Sache ist, sondern ein Vorgang, der das Herz fröhlich macht, zeigt der Midrasch zu diesem Vers. Nach Rabbi Chama heißt es, ging Kain fröhlich hinweg. Da begegnete ihm der erste Mensch und fragte ihn: „Was ist aus deiner Rechtssache mit Gott geworden?" Und Kain antwortete: „Ich habe Buße getan und bin daher freigesprochen worden." Da fing der erste Mensch an zu weinen und sprach: „So groß ist die Kraft für Buße, und ich habe es nicht gewußt!"

Weil Kain bereut, wird er von Gott begnadigt, jedoch auf Aufschub, wobei mehrere Ausleger die endgültige Bestrafung der siebenten Generation der Kainiter in der späteren Sintflut sehen wollen. Denn jeder Mord ist nicht nur ein Brudermord (Gen. 9,6), sondern auch ein Auslöschen des göttlichen Funkens, der in jedem Adamskind strahlt. Gott mag auf Bewährung verzeihen, aber wenn die Sünden der Nachkommen das vergossene Blut von neuem aufschreien lassen, ist Gottes Heimsuchung ein Akt der höheren Gerechtigkeit, der das Gleichgewicht der Schöpfung wieder herstellt, so die Meister der Kabbala.
Dem Kain selbst jedoch kann auf Grund von ehrlicher Reue vergeben werden. So ist Gott für Kain nicht nur „der ganz Andere", wie Horkheimer sagt, sondern er ist auch der ganz Ändernde. „Im überraschenden Neuen der qualitativen Veränderung geworden", wie Moltmann sich ausdrückt. Und als der, der Menschen zu ändern vermag, indem er das steinerne Herz wegnimmt und ein fleischernes gibt, wie es bei Ezechiel heißt, „machte er dem Kain das Zeichen, damit ihn niemand erschlage, damit Abels Tod an dir jetzt nicht gerächt werde, „bis das siebente Geschlecht von dir gekommen ist." Das ist die Frist der Bewährung. Ein Zeichen also, damit jeder-

mann erfahre, daß der Herr Kain bis in das siebente Glied vergeben habe. Hier wird also das, was wir im Deutschen als Kainsmal und somit als Brandmarkung verstehen, im genau entgegengesetzten Sinn der Bibel als Annahme einer Umkehr gesehen, die von Gott so anerkannt wird, daß sie sieben Generationen lang schützt. Die populäre Vorstellung von Kainszeichen als Schandmal, das im Hochmittelalter der Kirche vorschwebte, als sie die Juden zum Tragen eines kennzeichnenden Judenflecks, eines gelben Sterns zwang, den Hitler nicht erfunden, sondern von der Kirche plagiiert und zum Gesetz erhoben hat, – all dies beruht auf einem totalen Mißverständnis und einer sinnwidrigen Bibelübersetzung. Wie so oft in der Bibel, ist Gottes Liebe und Vergebung viel, viel größer als unsere fadenscheinige Mitmenschlichkeit. Hierin irrte sogar Papst Johannes XXIII. in seinem berühmten Bußgebet, in dem er die Kain-Abel-Typologie seiner Vorgänger in umgekehrter Weise auf das Verhältnis von Israel und Kirche anwandte. Das Gebet mag rein textuell auf einem Mißverständnis des Schutzzeichens beruhen, aber moralisch, inhaltlich und biblisch ist es wohl der schönste Neubeginn christlich-jüdischer Beziehungen in unseren Tagen und das beste Schlußwort zu unserer Bibelarbeit über den ersten Brudermord. Und so schrieb Papst Johannes einige Monate vor seinem Tode: „Wir erkennen heute, daß viele Jahrhunderte der Blindheit unsere Augen verhüllt haben, so daß wir die Schönheit deines auserwählten Volkes nicht mehr sehen und in seinem Gesicht nicht mehr die Züge unseres erstgeborenen Bruders wiedererkennen. Wir erkennen, daß ein Kainsmal auf unserer Stirne steht. Im Laufe der Jahrhunderte hat unser Bruder Abel in dem Blute gelegen, das wir vergossen, und er hat Tränen geweint, die wir verursacht haben, weil wir deine Liebe vergaßen. Vergib uns den Fluch, den wir zu Unrecht an den Namen der Juden hefteten. Vergib uns, daß wir dich in ihrem Fleische zum zweitenmal ans Kreuz schlugen, denn wir wußten nicht, was wir taten."

Pinchas Lapide:

Zu den Themen der 3 Arbeitsgruppen auf der Vertreterversammlung 1980

Zum Thema: **Erziehung nach Ausschwitz** machten wir die Erfahrung, daß es drei Gefahren gibt für den Pädagogen.

Die *erste,* in die fast alle Lehrer Israels hereingefallen sind, ist eine Dämonisierung von Auschwitz in der krampfhaften Suche nach Superlativen. Um das Unsagbare dennoch zu versprachlichen, kam es in den Schultexten der fünfziger und sechziger Jahre dazu, daß eigentlich der Satan an Auschwitz schuld ist, daß es ein Einbruch des Teufels und des Teuflischen ist und daß daher die Sache einmalig in der Weltgeschichte dasteht. Das Resultat war ein psychologischer Gegenschlag der jungen Generation, die dann gesagt hat: der Teufel ist eine üble Sache, aber lernen kann man von ihm nichts. Anders gesagt: Es war fast dasselbe Resultat, das diejenigen der deutschen Historiker bekommen, die von dem „Verhängnis" von Auschwitz sprechen; denn gegen ein Verhängnis kann kein Mensch auf zwei Beinen etwas tun. Ich würde sagen, daß das Alpha und Omega der Erziehung nach Auschwitz auf der Tatsache beruhen muß, daß Auschwitz vermeidbar war und daß es auch wiederholbar bleibt. Wer diese zwei Grundsteine nicht in die Pädagogik mit einbeschließt, wird der Katastrophe nicht gerecht.

Die *zweite* Gefahr aus Erfahrung ist, daß man in irgendeiner Weise bei der Jugend den Verdacht einer Inkriminierung erweckt. Sobald ein junger Deutscher oder ein junger Israeli sich so angesprochen fühlt, als hätte er ein Milligramm von Mitschuld, werden alle seine normalen Abwehrmechanismen wach, und er weigert sich, Auschwitz aufzunehmen – seelisch, geistig und intellektuell. Anders gesagt: Man muß Auschwitz mit einer gewissen Distanz schildern, die den jungen Schüler keineswegs ausschließt, sondern ihn einschließt als einen normalen Menschen, der ein Stück Hitler in seinem Herzen hat, ob er es will oder nicht.

Und *drittens* würde ich den Pädagogen vorschlagen, den Spieß umzudrehen. Besuche in Dachau und Reisen nach Auschwitz sind sicherlich nicht zu verneinen, aber ich würde es umgekehrt machen: Ich würde jene Helden der Nächstenliebe – und deren gibt es in Jerusalem in Yad Waschem über zweihundert, die nachweislich ihre eigene Haut riskiert haben, um Juden das Leben zu retten – ich würde d i e zum Mittelpunkt der Auschwitz-Erziehung machen. Für jeden Lehrer, der seinen Beruf genießt, sollte es ein Leichtes sein, an Hand dieser Heldentaten die Unmenschlichkeit der anderen als schwarzen Hintergrund zu schildern. Nicht mit den Gasöfen sollte man beginnen, sondern mit den Helden der Nächstenliebe und mit denen, die Menschen waren, als Nächstenliebe ein Verbrechen in Deutschland war und mit dem Tod geahndet wurde. Nicht umgekehrt! Mit den Lichtern in der Finsternis und nicht mit der Finsternis soll man beginnen, ganz getreu dem Ausspruch von Rabbi Kook, dem Oberrabbiner von Israel oder Palästina, der gesagt hat, es ist besser, eine Kerze anzuzünden als die Finsternis zu verfluchen. So sollte Pädagogik nach meiner Meinung nach Auschwitz vorgehen.

Zur Politik nach Auschwitz: Ich bin völlig der Meinung, daß Solidarität mit dem Staat Israel eine unüberhörbare Konsequenz für Deutsche unserer Generation ist. Ich habe aber Angst vor einem blinden, fraglosen Philosemitismus, der mir vielzu nahe dem blinden, fraglosen Antisemitismus der Hitler-Jahre liegt. Ich würde beide verneinen und würde heute, eine Generation nach Auschwitz, um eine kritische, empathische Solidarität bitten. Empathisch, aber kritisch, so wie die zwölf Millionen Juden in fünf Erdteilen der Diaspora heute empfinden und sich gar nicht schämen, sie zu äussern. Israel macht Fehler rechts und links. Macht die Bundesrepublik etwa keine? Und auch die Fehler dürfen angeprangert werden, wenn die Liebe die Kritik beseelt. Empathie, Zuneigung, Einfühlsamkeit, aber nicht unbegleitet hie und da von berechtigter Kritik.

Glaube nach Auschwitz. Ich bin nicht der Meinung, daß Judenmission total im Prinzip verneint werden soll. Ich bin aber der Meinung, daß man zurückgehen sollte im Christentum zum ältesten Ratschlag betreffs der Judenmission, der vom größten aller Missionare an die Heidenkirche adressiert wurde, nämlich von Paulus. Er sagte der jungen Heidenkirche in Rom zweimal, so daß man es nicht überhören kann, (Röm. 11,11 und Röm. 11,14) wie man das betreiben sollte, und es heißt auf Griechisch in klaren Tönen: „Ihr möget Euch so benehmen, auf daß Ihr sie (die Juden) zur Eifersucht anstachelt.“ Ich muß als historisch denkender Jude sagen, daß im ganzen Regenbogen der Emotionen, welche Christen in Judenherzen seit achtzehnhundert Jahren hervorgerufen haben, die Eifersucht vielleicht als einzige Reaktion fehlt. Die nicht, alles andere ja. Daher würde ich vorschlagen, daß Judenmission betrieben werde nach dem Ratschlag des Paulus: „Ihr solltet Euer Christsein nicht nachplappern, noch in Traktätchen verteilen, es wäre schade um die Zeit“. Wohl aber vorleben in einer Weise, die uns Juden zur Eifersucht und zur Nachahmung anstachelt. Und wenn Euer Christsein die Bergpredigt als Wegweiser nimmt, so sehe ich keinen Juden, der das Geringste dagegen hätte. Eine solche Judenmission, aus jüdischer Sicht, wäre mit vollem Enthusiasmus zu bejahen. Auf die andere verzichten wir gern.

Glaube nach Auschwitz: Wir Juden haben scheinbar größere Schwierigkeiten als Ihr, mit Gott fertig zu werden seit dem Völkermord; denn das jüdische Geschichtsverständnis, seit es das Judentum gibt und seinen Niederschlag in der hebräischen Bibel findet, ist immer konsequent und zweiteilig gewesen. Alle Niederlagen, Ausrottungen, Vertreibungen und Leiden Israels wurden seit Genesis und bis ins 19. Jahrhundert den Sünden und Verfehlungen Israels zugeschrieben. Alle Siege, Blütezeiten und seltenen Perioden des Aufatmens wurden einzig und allein der unverdienten Gnadenliebe Gottes zugeschrieben. So war das jüdische Geschichtsverständnis dreitausend Jahre lang geprägt.

Seit Auschwitz funktioniert dies nicht mehr, es sei denn, wir sind bereit, Adolf Hitler und die SS-Einsatzkommandos zu Werkzeugen Gottes umzufunktionieren. Dieser Gedanke ist zu obszön, um von irgendeinem mir bekannten Juden überhaupt ernstlich konzipiert zu werden.

Was bleibt übrig? Es bleiben einige Versuche von einzelnen Rabbinern, die sagen: Wegen des Zionismus' wurden wir bestraft. Das ist ein Rabbi in New York. Es gibt eine andere Stimme, die sagt: Wegen der Assimilation in Europa wurden wir bestraft. Aber keine dieser Einzelstimmen hat je einen jüdischen Konsens gewonnen.

Was nach dem Abschreiben dieser Einzelversuche übrigbleibt, sind eigentlich zwei jüdisch-theologische Versuche. Der eine ist die Theopathie von Abraham Jeschua Heschel, die unglaublicherweise einer christlichen Kenosis nahekommt: ein Gott, der leiden will, oder mit seinen Juden zu leiden bereit ist. Oder zweitens: ein Gott der Freiheit. Andre Neher ist hier der große Formulierer, der sagt, das Gotteswort an Abraham „Wandle vor mir und sei ganz" (Luther übersetzt „sei fromm"; das ist falsch – das hebräische Wort heißt „ganz" als Antithese zu jeder Schizophrenie) bedeutet das, was Herder 180 Jahre vor Neher „die Freilassung des Menschen aus der Schöpfung" nannte: ein Freispruch des Menschen in dem Sinne, daß sowohl der Weg nach Auschwitz als auch der Weg zum Himmelreich offen für ihn ist und er dazu verurteilt ist, ewig frei zu sein und allein wählen zu müssen. Für diejenigen, die diese rabbinische Deutung, die die Vorbilder aus der zweiten Tempelzerstörung wieder aufgenommen hat, bejahen, ist

Auschwitz keine Theodizee, sondern eine Anthropodizee. Wir fragen nicht: wo war Gott? Wir reduzieren den Gott Abrahams, Isaaks und Jakobs nicht zum fadenscheinigen Lückenbüßer für die Unmenschlichkeit der Zweifüßler, sondern wir fragen, wie Gott Adam gefragt hat: „Wo bist Du?" Wo war der Mensch, als der Tod mechanisiert wurde und in Millionenzahlen mündete?

Wie dem auch sei: Eines müssen wir zugeben: in Auschwitz ist der „liebe Gott", der Krückengott der Schwächlinge, das weiche Federkissen, auf dem sich gut schlafen läßt, gestorben. Und wenn die Blasphemie von Harvey Cox, „Gott ist tot", einen Sinn hat, dann doch wohl nur durch den Tod dieser Gottesvorstellungen, die Sigmund Freud mit Recht als infantil bezeichnet hat. Das heißt, es wird uns nichts übrig bleiben, euch Christen und uns Juden, wenn wir reif und mündig werden wollen, als unsere gesamten Gottesvorstellungen brutal und realistisch zu revidieren. „Gott ist Liebe", heißt es zweimal im 1. Johannesbrief. Wir können nach Auschwitz nur sagen: das kann im besten Falle nur ein Teil der Wahrheit sein. Es muß auch andere Aspekte der Gottheit geben. Wir können nicht weiter lob-hudeln über einen Gott, der Liebe ist, und über Menschen, die die Bosheit personifizieren. Diese Schwarzweißmalerei zieht nicht mehr.

Ich glaube ferner, wir müßten einsehen, daß wir über Gott so gut wie nichts wissen und Theologie als Gotteswisserei seit 1945 absurd und lächerlich ist. Wir wissen nichts! Und wenn Karl Rahner sagt, daß Theologie die Wissenschaft von der Ignoranz der göttlichen Dinge ist, kann man ihm nur beistimmen. Wir müßten hinzulernen, daß wir im Prozeß der Menschwerdung noch immer im Kindergarten sind. Das hat uns Auschwitz beigebracht; denn dort ist nicht nur eine Legion von infantilen Gottesbildern, sondern auch der Fortschrittsoptimismus in Rauch und Asche aufgegangen. Und wir müssen verstehen lernen, daß der Befreier-Gott aller Befreiungstheologien wirklich ein Gott der Befreiung ist. Aber diese Befreiung hat auch eine blutige Kehrseite, nämlich die Freiheit, Böses zu tun, Massenmord zu üben und Auschwitz zu veranstalten. Auch das ist Teil des Gottes der Befreiung. Nicht zuletzt sollten Christen vielleicht die Tatsache akzeptieren, daß die Auferstehung die Kreuzigung nicht aufhebt. Jesus ist am Kreuz gestorben, und die Auferstehung am dritten Tag mildert die Schmerzen und Leiden und das langsame Verbluten am Kreuze keineswegs. Karfreitag bleibt Karfreitag und Ostersonntag ist Ostersonntag. Vielleicht ist das auch wert, durchgedacht zu werden.

Und nicht zuletzt, wenn wir zu einer Anthropologie nach Auschwitz vorstoßen würden, so bleiben wir doch stehen nach aller Psychotherapie, Psychoanalyse und Psychosomatik bei dem Gotteswort an Kain, das nichts an Relevanz eingebüßt hat. Gott sagt dem ersten Brudermörder vor der Tat: „Vor Deiner Herzenstüre lauert die Sünde und sie giert nach Dir. Du aber sollst Herr über sie werden.“ Konkret gesprochen: nach rabbinischer Auslegung dieses Verses in Genesis 4,7 ist die Herausforderung Gottes an alle Adams-Söhne die Selbsterziehung, die Selbstbewältigung und die Selbstveredlung im Transzendieren des Egos, das immer noch voller tierischer Triebe bleibt. Mit anderen Worten: Wir können nur besser werden, indem wir an uns hart arbeiten und uns ein Ethos als Ziel vor die Nase hängen, dessen einziger Prüfstein die echte Nächstenliebe ist. Wenn wir es nicht tun, wird es kein anderer für uns tun. Gott ist unser Beistand und unser Vorbild. Er ist aber nicht unser Wärter und noch weniger unser Gängelband. Das sollten einige Glaubenskonsequenzen aus Auschwitz sein.

Anhang

Beschluß der Landessynode der
Evangelischen Kirche im Rheinland
vom 11.1.1980 in Bad Neuenahr

Zur Erneuerung des Verhältnisses von Christen und Juden

Nicht du trägst die Wurzel, sondern die Wurzel trägt dich. Römer 11,18 b

1. In Übereinstimmung mit dem „Wort an die Gemeinden zum Gespräch zwischen Christen und Juden" der Landessynode der Evangelischen Kirche im Rheinland vom 12. Januar 1978 stellt sich die Landessynode der geschichtlichen Notwendigkeit, ein neues Verhältnis der Kirche zum jüdischen Volk zu gewinnen.

2. Vier Gründe veranlassen die Kirche dazu:

   (1) Die Erkenntnis christlicher Mitverantwortung und Schuld an dem Holocaust, der Verfemung, Verfolgung und Ermordung der Juden im Dritten Reich.

   (2) Neue biblische Einsichten über die bleibende heilsgeschichtliche Bedeutung Israels (z. B. Röm. 9-11), die im Zusammenhang mit dem Kirchenkampf gewonnen worden sind.

   (3) Die Einsicht, daß die fortdauernde Existenz des jüdischen Volkes, seine Heimkehr in das Land der Verheißung und auch die Errichtung des Staates Israel Zeichen der Treue Gottes gegenüber seinem Volk sind. (vgl. Studie „Christen und Juden" III,3)

   (4) Die Bereitschaft von Juden zu Begegnung, gemeinsamem Lernen und Zusammenarbeit trotz des Holocaust.

3. Die Landessynode begrüßt die Studie „Christen und Juden" des Rates der Evangelischen Kirche in Deutschland und die ergänzenden und präzisierenden „Thesen zur Erneuerung des Verhältnisses von Christen und Juden" des Ausschusses „Christen und Juden" der Evangelischen Kirche im Rheinland.
   Die Landessynode nimmt beide dankbar entgegen und empfiehlt allen Gemeinden, die Studie und die These zum Ausgangspunkt einer intensiven Beschäftigung mit dem Judentum und zur Grundlage einer Neubesinnung über das Verhältnis der Kirche zu Israel zu machen.

4. Deshalb erklärt die Landessynode:

(1) Wir bekennen uns betroffen die Mitverantwortung und Schuld der Christenheit in Deutschland am Holocaust (vgl. Thesen I).

(2) Wir bekennen uns dankbar zu den „Schriften" Israels (Lk. 24,27; 1. Kor. 15,3f), unserem Alten Testament, als einer gemeinsamen Grundlage für Glauben und Handeln von Juden und Christen (vgl. Thesen II).

(3) Wir bekennen uns zu Jesus Christus, dem Juden, der als Messias Israels der Retter der Welt ist und die Völker der Welt mit dem Volk Gottes verbindet (vgl. Thesen III).

(4) Wir glauben die bleibende Erwählung des jüdischen Volkes als Gottes Volk und erkennen, daß die Kirche durch Jesus Christus in den Bund Gottes mit seinem Volk hineingenommen ist (vgl. Thesen IV).

(5) Wir glauben mit den Juden, daß die Einheit von Gerechtigkeit und Liebe das geschichtliche Heilshandeln Gottes kennzeichnet. Wir glauben mit den Juden Gerechtigkeit und Liebe als Weisungen Gottes für unser ganzes Leben. Wir sehen als Christen beides im Handeln Gottes in Israel und im Handeln Gottes in Jesus Christus begründet (vgl. Thesen V).

(6) Wir glauben, daß Juden und Christen je in ihrer Berufung Zeugen Gottes vor der Welt und voreinander sind; darum sind wir überzeugt, daß die Kirche ihr Zeugnis dem jüdischen Volk gegenüber nicht wie ihre Mission an die Völkerwelt wahrnehmen kann (vgl. Thesen VI).

(7) Wir stellen darum fest:

Durch Jahrhunderte wurde das Wort „neu" in der Bibelauslegung gegen das jüdische Volk gerichtet: Der neue Bund wurde als Gegensatz zum alten Bund, das neue Gottesvolk als Ersetzung des alten Gottesvolkes verstanden. Diese Nichtachtung der bleibenden Erwählung Israels und seine Verurteilung zur Nichtexistenz haben immer wieder christliche Theologie, kirchliche Predigt und kirchliches Handeln bis heute gekennzeichnet. Dadurch haben wir uns auch an der physischen Auslöschung des jüdischen Volkes schuldig gemacht.

Wir wollen deshalb den unlösbaren Zusammenhang des Neuen Testaments mit dem Alten Testament neu sehen und das Verhältnis von „alt" und „neu" von der Verheißung her verstehen lernen: als Ergehen der Verheißung, Erfüllen der Verheißung und Bekräftigen der Verheissung; „Neu“ bedeutet darum nicht die Ersetzung des „Alten“. Darum verneinen wir, daß das Volk Israel von Gott verworfen oder von der Kirche überholt sei.

(8) Indem wir umkehren, beginnen wir zu entdecken, was Christen und Juden gemeinsam bekennen:

Wir bekennen beide Gott als den Schöpfer des Himmels und der Erde und wissen, daß wir als von demselben Gott durch den aaronitischen Segen Ausgezeichnete im Alltag der Welt leben.

Wir bekennen die gemeinsame Hoffnung eines neuen Himmels und einer neuen Erde und die Kraft dieser messianischen Hoffnung für das Zeugnis und das Handeln von Christen und Juden für Gerechtigkeit und Frieden in der Welt.

5. Die Landessynode empfiehlt den Kreissynoden die Berufung eines Synodalbeauftragten für das christlich-jüdische Gespräch.

Die Landessynode beauftragt die Kirchenleitung, erneut einen Ausschuß „Christen und Juden“ einzurichten und Juden um ihre Mitarbeit in diesem Ausschuß zu bitten. Er soll die Kirchenleitung in allen das Verhältnis von Kirche und Judentum betreffenden Fragen beraten und Gemeinden und Kirchenkreise zu einem vertieften Verständnis des Neuansatzes im Verhältnis von Juden und Christen verhelfen.

Die Landessynode beauftragt die Kirchenleitung zu prüfen, in welcher Form die Evangelische Kirche im Rheinland eine besondere Mitverantwortung für die christliche Siedlung Nes Ammim in Israel übernehmen kann, wie dies andere Kirchen (z. B. in den Niederlanden und in der Bundesrepublik Deutschland) bereits tun.

Die Landessynode beauftragt die Kirchenleitung, dafür zu sorgen, daß das Thema Christen und Juden in der kirchlichen Aus-, Fort- und Weiterbildung angemessen berücksichtigt wird.

Die Landessynode hält es für wünschenswert, daß an der Kirchlichen Hochschule Wuppertal und an der Gesamthochschule Wuppertal ein regelmäßiger Lehrauftrag mit der Thematik „Theologie, Philosophie und Geschichte des Judentums“ wahrgenommen wird und bittet die Kirchenleitung, in diesem Sinne mit der Kirchlichen Hochschule Wuppertal, mit der Gesamthochschule Wuppertal und mit dem Land Nordrhein-Westfalen zu verhandeln.

Literaturverzeichnis

Diese Auswahl strebt keine Vollständigkeit an, sondern will zum eigenen Weiterstudium anregen.

Rosemary Ruether: Nächstenliebe und Brudermord. Die theologischen Wurzeln des Antisemitismus.
Abhandlung zum christlich-jüdischen Dialog, Bd. 7, München 1978

Charlotte Klein: Theologie und Antijudaismus. Eine Studie zur deutschen theologischen Literatur der Gegenwart.
Abhandlung zum christlich-jüdischen Dialog, Band 6, München 1975

Rolf Rendtorff/Ekkehard Stegemann: Auschwitz
Ringvorlesung der evg.-theologischen Fakultät in Heidelberg, München 1980

Pinchas Lapide/Ulrich Luz: Der Jude Jesu. Thesen eines Juden. Antworten eines Christen; Benziger Verlag, Zürich-Einsiedeln-Köln, 1979

Christen und Juden. Eine Studie des Rates der Evangelischen Kirche in Deutschland. Gütersloh 1975

Christen und Juden. Arbeitsbuch zur Studie des Rates der EKiD, Gütersloh 1979

Martin Stöhr (Hrsg.): Erinnern, nicht vergessen. Zugänge zu Holocaust
Kaiser-Traktate 43, München 1979

Eugen Kogon, Johann Baptist Metz u.a.: Gott nach Auschwitz. Dimensionen des Massenmordes am jüdischen Volk;
Herder Verlag, Freiburg i. B. 1979

Friedrich-Wilhelm Marquardt/Albrecht Friedlaender: Das Schweigen der Christen und die Menschlichkeit Gottes – Gläubige Existenz nach Auschwitz; Kaiser-Traktate 49, München 1980

Günter B. Ginzel (Hrsg.): Auschwitz als Herausforderung für Juden und Christen, Heidelberg 1980

Eberhard Bethge: Am gegebenen Ort. Aufsätze und Reden 1970-1979 München 1979

Heinz Kremers: Judenmission heute?
Neukirchen 1979

Berthold Klappert: Israel und die Kirche; Theologische Existenz heute 207 München 1980

Helmut Gollwitzer, Rolf Rendtorff, Nathan P. Levinson:
Thema: Juden–Christen–Israel; Radius-Verlag, Stuttgart 1978

Institut Kirchen und Judentum bei der Kirchlichen Hochschule Berlin (Hrsg.):
1. *Israel im christlichen Gottesdienst.* Predigten, Ansprachen, Begegnungen. (Veröffentlichungen Nr. 10) Berlin 1980
2. *Juden in Deutschland.* Zur Geschichte einer Hoffnung. Historische Längsschnitte und Einzelstudien (Veröffentlichungen Nr. 11) Berlin 1980
3. *Glaube und Hoffnung nach Auschwitz.* Jüdisch-Christliche Dialoge, Vorträge, Diskussionen (Veröffentlichungen Nr. 12) Berlin 1980

Ulrike Berger: Christliche Theologie nach dem Holocaust in: ZEICHEN, Mitteilungen der Aktion Sühnezeichen Nr. 1, März 1979, S. 7f

Hans Jürgen Schultz (Hrsg.): Mein Judentum
Kreuz-Verlag, Stuttgart 1978

Hans-Jochen Gamm: Das Judentum. Eine Einführung, Frankfurt 1979

Robert Raphael Geis: Gottes Minorität. Beiträge zur jüdischen Theologie und zur Geschichte der Juden in Deutschland, München 1971

Robert Raphael Geis: Vom unbekannten Judentum, Freiburg i. Br. 1961

Martin Stöhr (Hrsg.): Zionismus, Befreiungsbewegungen des jüdischen Volkes. Beiträge zur Diskussion, Abhandlungen zum christlich-jüdischen Dialog 9; Chr. Kaiser Verlag, München 1980

Eberhard Busch: Juden und Christen im Schatten des Dritten Reiches. Ansätze zu einer Kritik des Antisemitismus in der Zeit der Bekennenden Kirche
Theologische Existenz heute 205, München 1979

Wanda Kampmann: Deutsche und Juden. Die Geschichte der Juden in Deutschland vom Mittelalter bis zum Beginn des Ersten Weltkrieges, Frankfurt 1979

Inge Deutschkron: Ich trug den gelben Stern; Verlag Wissenschaft und Politik, Köln 1978

G. Schoenberner: Der gelbe Stern, Bertelsmann-Verlag, München, 2. Aufl. 1978

A. Rückerl: Die Strafverfolgung von NS-Verbrechen 1945-1978. Verlag C. F. Müller, Karlsruhe 1979

H. G. Adler und E. Lingens (Hrsg.): Auschwitz. Zeugnisse und Berichte. Europäische Verlagsanstalt, Frankfurt a. M. 1979

Eugen Kogon: Der SS-Staat. Heyne-Verlag, München 1977

Samuel Pisar: Das Blut der Hoffnung; Rowohlt Verlag, Hamburg 1979

Michael Horbach: So überlebten sie den Holocaust. Zeugnisse der Menschlichkeit 1933-1945; Goldmann Tb 3845

H. D. Leuner: Gerettet vor dem Holocaust. Menschen, die halfen. Herbig aktuell, München 1979

Theodor W. Adorno: Erziehung nach Auschwitz, 1966; Erziehung zur Entbarbarisierung, 1968; Erziehung zur Mündigkeit, 1969

Max von der Grün: Wie war das eigentlich? Luchterhand, Darmstad-Neuwied 1979

Rita Thalmann in: Wie war es möglich? hrsg. von Alfred Grosser; Carl Hauser Verlag, München 1977

Henryk M. Broder, Michael R. Lang (Hrsg.): Fremd im eigenen Land. Juden in der Bundesrepublik, Frankfurt am Main 1979

Ev. AK Kirche in Israel in Hessen und Nassau (Hrsg.): Die Reichskristallnacht. Eine Arbeitshilfe für Unterricht und Gemeindearbeit

Wilhelm van Kampen: Holocaust. Materialien zu einer amerikanischen Fernsehserie über die Judenverfolgung im ‚Dritten Reich'
Bundeszentrale für pol. Bildung, Bonn 1978 (daselbst weiteres Material)

P. Märtesheimer und I. Frenzel (Hrsg.): Im Kreuzfeuer: Der Fernsehfilm Holocaust. Eine Nation ist betroffen. Fischer-Verlag, Frankfurt a. M. 1979

Autoren

Martin Stöhr ist Pfarrer und Direktor der Evangelischen Akademie Arnoldshain

Dr. Werner Licharz ist Studienleiter in der Evangelischen Akademie Arnoldshain

Gerhard Weßler ist Pfarrer und Generalsekretär der Evangelischen Akademikerschaft in Deutschland

Dr. Ekkehard Stegemann ist wissenschaftlicher Assistent für Neues Testament im evangelisch-theologischen Fachbereich der Universität Heidelberg

Dr. Pinchas Lapide aus Jerusalem ist Professor für Judaistik und Vergleichende Religionswissenschaften in Frankfurt/M